日知图书◎编著

跟着典籍学大语文

北方妇女儿童出版社
·长春·

图书在版编目（CIP）数据

跟着典籍学大语文 / 日知图书编著. — 长春：北方
妇女儿童出版社, 2024.4
ISBN 978-7-5585-8113-7

Ⅰ.①跟… Ⅱ.①日… Ⅲ.①古籍－中国－青少年读
物 Ⅳ.①Z422-49

中国国家版本馆CIP数据核字(2023)第228937号

跟着典籍学大语文
GENZHE DIANJI XUE DA YUWEN

出 版 人	师晓晖
策 划 人	师晓晖
责任编辑	王天明
整体制作	北京日知图书有限公司
开　　本	710mm×1000mm　1/16
印　　张	10
字　　数	100千字
版　　次	2024年4月第1版
印　　次	2024年4月第1次印刷
印　　刷	天津市光明印务有限公司
出　　版	北方妇女儿童出版社
发　　行	北方妇女儿童出版社
地　　址	长春市福祉大路5788号
电　　话	总编办：0431-81629600
	发行科：0431-81629633
定　　价	40.00元

前言

溯流徂源，以探千古之智；翼书而游，以寻华夏之韵。

我们邀请青少年一同深入探索中华古代典籍的丰富智慧，旨在通过这一过程，提升青少年的语文水平，丰富青少年的人文素养，为现代人文教育注入力量。

本书精心编选了十二部跨越不同历史时期的经典典籍，如《尚书》《论语》《道德经》《周易》等，每一部作品都是一个时代的文化缩影，涉及诗歌、历史、哲学、文学、军事等多个领域。它们不仅记录了各个时代的文化特点和社会风貌，更是伟大思想家智慧的结晶，如《论语》中孔子的儒家思想强调的仁、义、礼、智、信，就影响了中华文化几千年的道德规范和社会结构。

本书的目的，不仅在于传递知识，更在于引导读者将这些文化精粹内化为个人智慧，使之成为心灵的一部分。我们通过引人入胜的"典籍故事"，激发读者的阅读兴趣；而"成书背景"和"内容简介"则深入浅出，帮助读者掌握每部典籍的核心思想和整体结构。此外，"名篇选读"不仅助力语文学习和文学鉴赏，也是提升读者综合素养的重要途径。而"语文课堂""精彩译文"和"典籍百科"等栏目，则全方位加深读者对文本的理解，拓展不同的解读角度，丰富读者的语言表达和创造性写作能力。

总而言之，本书是一座跨越时空的桥梁，连接古今文化，为读者打开理解现代社会的新视角。在深入了解传统文化的同时，帮助读者增强文化自信和民族归属感，培养深厚的人文情怀和价值观念。这不仅是一次阅读之旅，更是一次心灵的成长和思想的飞跃，愿你旅程愉快，有所收获。

目录

尚书

穿越千年的上古故事

秦统一后，秦始皇推行郡县制，分天下为 36 郡，削弱了诸侯权力，此举引起儒生的不满。在一次宫廷宴会上，一些儒生、方士和丞相李斯为此引发争论，最终秦始皇采用了李斯的建议，禁止儒生以古非今，诽谤朝政，并下令焚烧《秦记》以外的列国史记。《诗》《书》亦在此列，不到 30 天时间，中国秦以前的古典文献，都化为灰烬。次年，受宠于秦始皇的方士卢生、侯生等人以秦始皇贪权专断，滥施刑罚为由，相约逃亡。秦始皇下令追查，亲自圈定 460 多名儒生和方士活埋于咸阳，史称**"焚书坑儒"**。

在这场灾难中，博士伏生将自己专治的《书》藏在了家乡墙壁中，而后流亡他乡。20 多年后，伏生回到家中，墙壁中仅剩《书》28 篇。秦亡汉立，汉文帝听闻伏生的藏书事迹十分感动，想请他进朝授《书》，但当时的伏生已经 90 多岁，难以出行，于是汉文帝派晁错到伏生的章丘家中当面学习。晁错用汉初流行的隶书抄下伏生《尚书》28 篇。汉武帝时又有人献出一篇，合并进伏生《尚书》成为 29 篇，这就是**《今文尚书》**的来源。《书》也在汉代更名为《尚书》，伏生一生讲书护书，正是这种舍命传承典籍的精神使得华夏文明得以流传，一代代人用自己的生命和热血搭建起了沟通古今的桥梁。

《尚书》的真伪、聚散，极其复杂曲折。汉人传说先秦时《书》有100篇，其中《虞夏书》20篇，《商书》《周书》各40篇，每篇有序，题为孔子所编。《史记·孔子世家》也说到孔子修《书》。但近代学者多以为《尚书》编定于战国时期。秦始皇焚书之后，《书》多残缺。今存《书序》，为《史记》所引，约出自战国儒生之手。

相传汉景帝时期，鲁恭王为扩建房子拆毁孔子旧居，在墙壁中发现另一部《尚书》，是用先秦六国时的字体书写的，所以称《古文尚书》，它比伏生版本的《今文尚书》多16篇。鲁恭王把《尚书》交给孔子后代孔安国，孔安国又进献给了朝廷。但当时研究伏生《尚书》的学者并不接受，这就形成了《尚书》学史上关于《尚书》真伪的持续辩论。现在通行的《十三经注疏》版《尚书》，就是《今文尚书》和《古文尚书》的合编本。

东晋时期，豫章内史梅赜（zé）献出《古文尚书》共58篇，比伏生的28篇多出30篇，被立为官方正本。到了宋朝，又有学者质疑梅赜的《古文尚书》多出篇目的真实性。笔墨官司打了上千年，直到现在也没结束。

伏生著书

内容简介

　　《尚书》是中国古代的一部历史文献汇编。"尚"的意思是上古，"书"是指书写在竹帛上的历史记载，所以"尚书"就是"上古的史书"。《尚书》记录了夏、商、周三个王朝最高统治者的政治活动、军国大政以及司法刑罚方面的内容，以典、谟（mó）、训、诰（gào）、誓、命的形式记载下来，成为历代统治阶级十分重视的治国宝典与道德教科书。

　　伏生本《今文尚书》中，主要包括三部分：《虞夏书》《商书》《周书》。

　　《虞夏书》主要记载了尧、舜的美德和功绩，以及皋陶和禹、舜讨论政务的记录，呈现出以尧、舜、禹、汤、文、武为主干的中国上古历史的发端部分。

　　《商书》记载了商汤伐夏桀（jié）时的誓师词、盘庚迁都时对臣民的讲话、大臣祖伊对商王纣提出的警告等，涉及了汤、盘庚、武丁、祖庚和纣五位商代君主。

　　《周书》主要是从西周建国到周康王即位的历史记录。

　　《尚书》作为中国的"政书之祖"，是儒家政治思想的源头所在。除此之外，书中关于上古政事的记录也映射出许多古人的哲学观念，如天命观，对后世哲学思想的发展产生了巨大影响。从文学的角度来说，《尚书》是中国古代的本土文化第一次凝结成书，其中包含了大量的传统文学母题、创作手法和文学形象，其中六种体式"典、谟、训、诰、誓、命"在上古散文体的表述形式中占有主要位置。

　　同时，《尚书》是中国最早的史籍，奠定了中国传统史学的根基，塑造了中国史学的基本面貌，也涵盖了中国史学的基本主题。如后世深入人心的"殷鉴"思想——以史为鉴，是人们对于历史和现实关系的初步认识。同样，"法先王"观念——效法古代帝王的治国方法，也构成了中国独特的思维方式和文化现象。除此之外，书中也对历史中"兴衰""治乱"的原因进行探讨，这些都构成了中国古代历史观的重要组成部分。

汉代以来，《尚书》一直被历代王朝尊为经国常法。书中所昭示的政治思想、哲学观念、文学基调、史学价值等，对中华民族历史文化的发展和国民思想人格的形成产生了至深至远的影响。

名篇选读

尧典（节选）

曰若稽古帝尧，曰放勋，钦、明、文、思、安安。允恭克让。光被四表，格于上下。克明俊德，以亲九族；九族既睦，平章百姓；百姓昭明，协和万邦；黎民于变时雍。

乃命羲和，钦若昊天历象——日月星辰，敬授民时。

分命羲仲宅嵎夷曰旸谷，寅宾出日，平秩东作。日中、星鸟，以殷仲春。厥民析，鸟兽孳尾。

申命羲叔宅南交，平秩南为，敬致。日永、星火，以正仲夏。厥民因，鸟兽希革。

分命和仲宅西曰昧谷，寅饯纳日，平秩西成。宵中、星虚，以殷仲秋。厥民夷，鸟兽毛毨。

申命和叔宅朔方曰幽都，平在朔易。日短、星昴，以正仲冬。厥民隩，鸟兽氄毛。

帝曰："咨汝羲暨和，期三百有六旬有六日，以闰月定四时成岁。"

允厘百工，庶绩咸熙。帝曰："畴咨若时登庸？"放齐曰："胤子朱启明。"帝曰："吁！嚚讼可乎？"帝曰："畴咨若予采？"驩兜曰："都！共工方鸠僝功。"帝曰："吁！静言庸违，象恭滔天。"

帝曰："咨！四岳。汤汤洪水方割，荡荡怀山襄陵，浩浩滔天，下民其咨，有能俾乂？"佥曰："於！鲧哉。"帝曰："吁！咈哉，方命圮族。"岳曰："异哉！试可乃已。"帝曰："往，钦哉！"九载，绩用弗成。

帝曰："咨！四岳。朕在位七十载，汝能庸命巽朕位。"岳曰："否德，忝帝位。"曰："明明扬侧陋。"师锡帝曰："有鳏在下，曰虞舜。"帝曰："俞！予闻，如何？"岳曰："瞽子，父顽母嚚，象傲；克谐以孝，烝烝乂，不格奸。"帝曰："我其试哉！"

女于时，观厥刑于二女。厘降二女于妫汭，嫔于虞。

典籍百科

共工：《尚书·尧典》是最早记录共工的文献，共工是中国古代神话中的水神，掌管洪水，是五行神之一。

五行神：东方木神句（gōu）芒、南方火神祝融、西方金神蓐（rù）收、北方水神共工、中央土神后土。

中国四大神话：共工怒触不周山、女娲补天、嫦娥奔月、后羿射日。

赏析

《尧典》的主要内容是记录尧帝的功绩。全文可以分为两个部分：一是对尧帝的德行和事迹进行歌颂；二是详细列出他的主要政绩，即任命羲和观天象定历法、询问群臣与举用人才、议定如何确立部落联盟的领导人。《尧典》记录的事件反映出尧的治理思想、政治理念和为政方法。

"日若稽古"四字是周代的成语，经常作为追述前代著名人物事迹的开端，在《尚书》的很多篇章中都可以看到以这一句为开头。开篇总体地概括整篇文章的大概内容，即歌颂尧帝。由于尧帝"钦、明、文、思、安安。允恭克让"，所以当时的社会状况是"九族既睦""协和万邦"。

"乃命羲和，钦若昊天历象——日月星辰，敬授民时"，是说尧命羲和观察天象，推算历法并将制定出来的历法传授给黎民百姓。天文学是人类最早出现的科学，对天象变化的认知标志着人类认识自然和改造自然的开始，也意味着人类开始迈向文明，所以用全文最长的一段篇幅来描述尧的这一功绩。

尧帝举用人才

　　接下来是尧帝询问群臣如何举用人才的记载。尧帝问大臣放齐说："畴咨若时登庸？"即"善治四时之职的是谁啊？我要提拔任用他。"放齐推荐了尧帝的儿子丹朱，尧帝拒绝了，理由是"嚚讼"，即"说话虚妄，又好争辩"。尧帝又问了善于处理政务的人是谁、谁适合继承帝位等，大臣均一一作答。而尧帝对此也有自己的看法，认为花言巧语、阳奉阴违、不服从命令之人不可用，而一个人只要德行高尚，哪怕地位低微，也是可以继承帝位的。从这几个人与尧帝的对话中，可以看出尧帝任人唯贤，是一位宽宏大量，能够接受反对意见的人，也正是因为他的这些特点，使得拥护他的大臣们都是忠良正直之士。这一段也表明"德治"是尧治理思想的核心，即通过德行的示范和感化，以达到治理社会的目的。

　　最后，尧帝老去，再次为继任者的人选及品质询问到了"四岳"（尧帝时部落联盟下属的四方氏族部落首领），确定了舜，并把他的两个女儿娥皇和女英嫁给了舜以观察舜的德行。

　　文中所记载的百官任职和帝位继承，在当时不是由一个人决定的，而是由众人一起商议后得出的结果，反映了我国古代社会的民主意识和政治制度。当时的历法计算方法与现代几乎是一致的，由此可见《尧典》无论是在政治层面还是科学层面，都具有极其重要的价值，是宝贵的历史文献。

皋陶谟（节选）

日若稽古皋陶曰："允迪厥德，谟明弼谐。"禹曰："俞！如何？"皋陶曰："都！慎厥身修，思永。惇叙九族，庶明厉翼，迩可远在兹。"禹拜昌言，曰："俞。"

皋陶曰："都！在知人，在安民。"禹曰："吁！咸若时，惟帝其难之。知人则哲，能官人；安民则惠，黎民怀之。能哲而惠，何忧乎驩兜，何迁乎有苗，何畏乎巧言令色孔壬？"

皋陶曰："都！亦行有九德。亦言其人有德。"乃言曰："载采采。"禹曰："何？"皋陶曰："宽而栗，柔而立，愿而恭，乱而敬，扰而毅，直而温，简而廉，刚而塞，强而义。彰厥有常，吉哉！日宣三德，夙夜浚明有家，日严祗敬六德，亮采有邦。翕受敷施，九德咸事，俊乂在官。百僚、师师、百工惟时，抚于五长，庶绩其凝。无教逸欲有邦，兢兢业业，一日二日万几。无旷庶官，天工人其代之。天叙有典，敕我五典五惇哉；天秩有礼，自我五礼有庸哉；同寅协恭和衷哉！天命有德，五服五章哉；天讨有罪，五刑五用哉；政事懋哉懋哉！天聪明，自我民聪明；天明畏，自我民明威。达于上下，敬哉有土！"

皋陶曰："朕言惠可厎行？"禹曰："俞，乃言厎可绩。"皋陶曰："予未有知，思日赞赞襄哉。"

精彩译文

人要有九德：宽厚而庄重，温和而要有主见，讲原则又恭敬谦逊，聪明能干而敬业，善于变通而有毅力，正直又友善，直率而有节制，刚强而务实，勇敢又符合道义。

典籍百科

五服：指尧舜时期，服饰有五种花色，分别代表天子、诸侯、卿、大夫、士五个等级。

五刑：指墨、劓（yì）、剕（fèi）宫、大辟五种刑罚。

本文是后人根据皋陶的传说整理而成的篇章。皋陶在舜帝时是掌刑的士官，为人比较公正，他晚年曾被推选为禹的继承人，可惜最后早禹而亡。本文的内容可以分为两部分来理解，第一部分是一二段，主张继承和发扬优良传统，即：修身、知人和安民。第二部分是后两段，谈论在辅弼朝政时该怎么做才能做到修身、知人和安民。文章突出了"九德"和"五典"的作用。

皋陶说"允迪厥德，谟明弼谐"，意思是信奉和遵循先代贤君的德念与行为，要同心协力、团结一致辅佐君王，这也是全文的主旨，那么要如何做才能达到这样的状态呢？正如禹所问"俞！如何？"皋陶的回答是"慎厥身修，思永"，这是修身的提法，"惇叙九族"是指齐家，"迩可远在兹"可以视作平天下的理论，这一切的理论前提是什么呢？皋陶给出的答案是"在知人，在安民"。

第二部分是皋陶关于如何做才能达到以修身、知人和安民来辅佐朝政的论断。首先是"行有九德"，要了解九德。所谓九德就是"宽而栗，柔而立，愿而恭，乱而敬，扰而毅，直而温，简而廉，刚而塞，强而义"，在了解这些的基础上还必须"日宣三德""日严祗敬六德""九德咸事"，这些是针对个人自身品质德行而言，除此之外还必须合理利用"五典""五礼""五服""五刑"这些外部的条件与手段才能"达于上下，敬哉有土"。

獬豸辨善恶

相传皋陶有一头独角兽，名叫獬豸，獬豸能够分辨善恶，常帮皋陶判案，它能看出谁是坏人，然后它会用角把坏人触倒，由此皋陶可以判断出谁是真正的犯人。

应该指出的是，皋陶时期华夏部落联盟的公共管理机构已开始慢慢向国家化转变，但是在这一时期，由于科学不够发达而导致民主制度还受到一定的限制，所以以抽象的天作为至高无上之神的天神观念，以及假借天之名的说法存在是很正常的。本文在谈到"五德"的时候极大地强调了天的作用，认为是"天叙有典""天秩有礼""天命有德""天讨有罪"，在说到人与天的关系时也把天的作用放在了首位，"天聪明，自我民聪明；天明畏，自我民明威。"本文体现了当时对于"德"的重视，对后世的影响极为深远。

甘誓

大战于甘，乃召六卿。

王曰："嗟！六事之人，予誓告汝。有扈氏威侮五行，怠弃三正，天用剿绝其命。今予惟共行天之罚。左不攻于左，汝不共命；右不攻于右，汝不共命；御非其马之正，汝不共命。用命，赏于祖；不用命，戮于社。予则孥戮汝！"

赏析

《虞夏书》中的《甘誓》是夏代初期禹的儿子启讨伐有扈的战前誓师词。有扈是一个部落联盟的名称，甘是地名，启是继承父亲禹之位的夏朝开国的君主。自尧帝开创禅让制以来，天下共主，尧让舜、舜让禹，而到了禹之后，由禹的儿子启继承帝位。司马迁《史记·夏本纪》说："有扈氏不服，启伐之，大战于甘。将战，作《甘誓》。"《书序》也说："启与有扈战于甘之野，作《甘誓》。"据各种文献记载，夏与有扈是经常发生战争的，禹也与有扈进行过几次战争，在启时又进行过多次战争。所以，多数文献将此文作为启在决战前的誓师词。

全文简短，开篇呼吁军中执事人员听誓言，接着便宣布敌方罪状，申明军纪，征伐用的誓师词，大多是这样的写法。《甘誓》中宣布有扈的罪状是"威侮五行，怠弃三正"八个字，因而讨伐是"共行天之罚"。这里的"五行""三正"的解释，历来众说纷纭，所谓"五行"，指金、木、水、火、土五种物质元素，由五种元素构成万物，这是战国时期流行的朴素哲学思想。"三正"的"正"通"政"，"三"不一定是确数，指几种重要的政治措施。"代行天罚"，是周代"代行天德"的政治用语。这些语言不是夏代当时的用语，而是文章写定年代的措辞。这八个字是说有扈违背天道，其政治措施背弃天德，所以要进行讨伐，代替天来惩罚他们。

战前誓师

　　《甘誓》所申明的军纪要求军队的全体人员努力恪尽职守，完成各自的战斗任务，凡是作战有功的"用命"之士，都将在祖庙受到奖赏；凡是消极怠慢"不用命"者，都将在社坛受杀身诛妻戮子之刑。

　　据史载，这次战争的结果是夏启取得最后胜利，这场战争体现了"公天下"向"家天下"转变时两派势力之间的尖锐斗争。夏启的胜利开启了我国从奴隶社会到封建社会长达四千多年的王位世袭制。

盘庚（上）

盘庚作，惟涉河以民迁。乃话民之弗率，诞告用亶^{dǎn}。其有众咸造，勿亵在王庭。

盘庚乃登进厥民，曰："明听朕言，无荒失朕命！呜呼！古我前后罔不惟民之承保，后胥戚鲜，以不浮于天时。殷降大虐，先王不怀厥攸作，视民利用迁。汝曷弗念我古后之闻？承汝俾汝，惟喜康共；非汝有咎，比于罚。予若吁怀兹新邑，亦惟汝故，以丕从厥志。

"今予将试以汝迁，安定厥邦。汝不忧朕心之攸困，乃咸大不宣，乃心钦，念以忧动予一人。尔惟自鞠自苦！若乘舟，汝弗济，臭厥载。尔忱不属，惟胥以沉。不其或稽，自怒曷瘳^{chōu}？

"汝不谋长，以思乃灾，汝诞劝忧。今其有今罔后，汝何生在上！

"今予命汝，一无起秽以自臭，恐人倚乃身，迁乃心。予迓续乃命于天，予岂汝威！用奉畜汝众。

"予念我先神后之劳尔先，予丕克羞尔，用怀尔。然！失于政，陈于兹，高后丕乃崇降罪疾，曰：'曷虐朕民？'汝万民乃不生生，暨予一人猷同心，先后丕降与汝罪疾，曰：'曷不暨朕幼孙有比，故有爽德？'自上其罚汝，汝罔能迪。

"古我先后既劳乃祖乃父，汝共作我畜民，汝有戕则在乃心，我先后绥乃祖乃父；乃祖乃父乃断弃汝，不救乃死！兹予有乱政同位，具乃贝玉，乃祖乃父丕乃告我高后曰：'作丕刑于朕孙！'迪高后丕乃崇降弗祥！

"呜呼！今予告汝不易！永敬大恤，无胥绝远！汝分猷念以相从，各设中于乃心！乃有不吉不迪，颠越不共，暂遇奸宄，我乃劓殄灭之，无遗育，无俾易种于兹新邑！

"往哉，生生！今予将试以汝迁，永建乃家。"

盘庚（中）

盘庚既迁，奠厥攸居。乃正厥位。

绥爰有众，曰："无戏怠，懋建大命！今予其敷心腹肾肠，历告尔百姓：于朕志，罔罪尔众，尔无共怒，协比谗言予一人。

"古我先王将多于前功，适于山用降我凶，德嘉绩于朕邦。

"今我民用荡析离居，罔有定极。尔谓朕：'曷震动万民以迁？'肆上帝将复我高祖之德，乱越我家，朕及笃敬共承民命，用永地于新邑。

"肆予冲人，非废厥谋，吊由灵各；非敢违卜，用宏兹贲。

"呜呼！邦伯、师长、百执事之人，尚皆隐哉！予其懋简相尔，念敬我众。朕不肩好货，敢共生生，鞠人谋人之保居叙钦。今我既羞告尔，于朕志若否，罔有弗钦。无总于货宝，生生自庸。式敷民德，永肩一心。"

盘庚（下）

盘庚迁于殷，民不适有居。率吁众戚出矢言。曰："我王来，即爰宅于兹，重我民，无尽刘。不能胥匡以生，卜稽曰其如台？先王有服，恪谨天命，兹犹不常宁；不常厥邑，于今五邦。今不承于古，罔知天之断命，矧曰其克从先王之烈！若颠木之有由蘗，天其永我命于兹新邑，绍复先王之大业，厎绥四方。"

盘庚敩于民由乃在位，以常旧服正法度。曰："无或敢伏小人之攸箴！"王命众悉至于庭。

王若曰："格汝众，予告汝训汝，猷黜乃心；无傲从康。

"古我先王亦惟图任旧人共政。王播告之，修不匿厥指，王用丕钦；罔有逸言，民用丕变。今汝聒聒，起信险肤，予弗知乃所讼！

"非予自荒兹德，惟汝含德，不惕予一人。予若观火，予亦拙谋作乃逸。

"若网在纲，有条而不紊。若农服田力穑，乃亦有秋。汝克黜乃心，施实德于民，至于婚友，丕乃敢大言，汝有积德。乃不畏戎毒于远迩，惰农自安，不昏作劳，不服田亩，越其罔有黍稷。

"汝不和吉言于百姓，惟汝自生毒，乃败祸奸宄，以自灾于厥身。乃既先恶于民，乃奉其恫，汝悔身何及！相时憸民，犹胥顾于箴言，其发有逸口；矧予制乃短长之命！汝曷弗告朕而胥动以浮言，恐沉于众？若火之燎于原，不可向迩，其犹可扑灭。则惟汝众自作弗靖，非予有咎！

"迟任有言曰：'人惟求旧，器非求旧，惟新。'古我先王暨乃祖乃父胥及逸勤，予敢动用非罚？世选尔劳，予不掩尔善。兹予大享于先王，尔祖其从与享之。作福、作灾，予亦不敢动用非德。

语文课堂

若网在纲：意思是事情像拴在大绳上的网一样有条理而不乱。

有条不紊：出自《尚书·盘庚（上）》，形容做事、说话有条理，丝毫不乱。

19

"予告汝于难，若射之有志。汝无侮老成人，无弱孤有幼；各长于厥居，勉出乃力，听予一人之作猷。

"无有远迩：用罪伐厥死，用德彰厥善。邦之臧，惟汝众；邦之不臧，惟予一人有佚罚。

"凡尔众，其惟致告：自今至于后日，各共尔事，齐乃位，度乃口。罚及尔身，弗可悔。"

赏析

《盘庚》有上、中、下三篇，主要内容是殷王盘庚迁都于殷的时候，对臣民所讲的话和发布的号令。本篇保存了大量有关殷商时期社会、经济的原始资料，所以该篇在《尚书》中史料价值极高，是研究商代政治、经济、文化不可多得的书面材料。

据《史纪·殷本纪》记载，在盘庚本次迁都前，商朝已经有四次迁都经历了，所以在第五次盘庚决定要迁都的时候，群臣就有了不尽的怨言，表示了对这次迁都的担心与不赞成。首先要说服全民。盘庚先是向群民解释迁都是为民着想的，是符合先王遗志的，迁都也是为了安定国家和拯救民众于水患，所以不要离心失德，违背上意，否则是要受到先祖的责罚的。最后还发布了迁都前的一些禁令。

盘庚迁都

中篇记述迁殷地之后，安顿住地，规划宗庙宫殿，再次召集群民发布讲话，勉励大家努力共建家园。讲话的第一部分还是重复申明他迁都的原因和目的。接着他命令全体大臣恭谨从事，恪尽职守，同心同德，还提出自己的优点与缺点，让大臣们放心，自己会不计前嫌，把他们的信任又争取了回来。

最后是他反复说明迁都的理由，也觉察到民众之所以不赞成迁都，是某些旧贵族和大臣借机煽动的缘故，所以他打算先对这些上层贵族进行一次全面的整顿。对他们，盘庚进行了严厉训斥并警告他们不许乱说乱道，否则必将受到惩罚，"王播告之修，不匿厥指。王用丕钦，罔有逸言，民用丕变。今汝聒聒，起信险肤。"

总结盘庚的迁都理念：第一是为民，可以使国家更为安定；第二是遵从先王的意旨，也就是符合天意。盘庚以前的几世商王都极其腐败，导致社会也非常混乱，到盘庚终于有所改观，旧的秩序不能再维持下去，所以迁都是势在必行的。当然，事实证明盘庚迁殷的确带来了商王朝暂时的兴盛，他的行动是成功的，虽然众多客观条件制约着他，但他却能力排众议，最终实施了自己的行动，这与他能够认清形势并利用有利因素去帮助自己是分不开的。他在树立自己的威严时运用了两种手段：一是看清自身的优势，用自己得天独厚的王权进行威慑；二是通晓人们的心理，利用孝道，即祖先的降罪进行诱导。如此看来，盘庚是一位深谙人心的领袖。

此外，这篇经典的劝诫文，还出现了很多对于我们现代汉语来说堪称经典的词汇，比如予若观火、若网在纲、有条不紊、燎原之火等，具有文学层面上的开创意义。

论语

孔子绽放的思想之光

孔子向东游历，看到两个小孩儿在辩论，便问他们什么原因。

一个小孩儿说："我认为太阳刚出来的时候离人近一些，而到中午的时候距离人远。"

另一个小孩儿说："我认为太阳刚出来的时候离人远些，而到中午的时候距离人近。"

一个小孩儿说："太阳刚出来的时候像车盖一样大，等到正午就小得像一个盘子，这不是远处的看着小而近处的看着大吗？"

另一个小孩儿说："太阳刚出来的时候有清凉的感觉，等到中午的时候像手伸进热水里一样热，这不是近的时候感觉热而远的时候感觉凉吗？"

孔子不能判断谁对谁错。两个小孩儿笑着说："谁说你的知识渊博呢？"

这是记载于战国时期《列子》中的一则小故事，可以看出孔子作为大学问家、思想家的实事求是、敢于承认自己学识不足的精神，也反映了古人追求真理、大胆质疑的品格。故事以"辩"为核心，而"辩"也是《论语》的主要讨论形式。

作为中国古代伟大的思想家和教育家，孔子开创的儒家学派影响了中国两千多年的封建社会，其思想成为封建文化的主体。然而，由于孔子坚持"述而不作"的人生信条，他的学术思想并没有通过专著的方式完整而系统地流传下来。我们能见到的唯一集中反映孔子思想的著作，就是由孔子的学生记录、整理的关于他的言论与事迹的《论语》。

成书背景

孔子出生在"礼崩乐坏"的春秋末期。当时周王朝的统治已经崩溃，诸侯兼并，战乱不已，社会正处于转型期，传统道德沦丧，礼乐制度逐渐分崩离析，各种思想在社会上萌生。孔子目睹这一切，内心极度不安，希望通过重整礼乐来恢复先王时代的盛德大业，并为此奔走一生。《论语》就是孔子哲学、政治、伦理、教育思想的集中体现。

关于《论语》书名的来源历来有着不同的说法。一般认为，"论"是"论纂"的意思，"语"是"语言"的意思，"论语"就是把孔子和他的弟子的对话"论纂"起来的意思。班固在《汉书》中便持这一观点。《论语》各篇章并没有确定的主题，一般都是用每篇开头的两个字或三个字为篇名，仅仅表示区别而已。

《论语》作为体现孔子思想的儒家经典，是世界上完整辑录哲人言行的最古老的文献之一。它从西汉起被列入儒家经典之列，到南宋理学大师朱熹集注后又被列入"**四书**"之列，是两千多年来中华读书人必读的典籍，对中国古代思想文化产生了重大而深远的影响。而作为儒家学派的创始人，孔子在后世被尊为"**圣人**"

孔子讲学

和"**万世师表**"，这是中国历史上任何一位思想家都不曾有过的特殊地位。另外，孔子作为教育学家和文献学家，他的言行和所传授的"六艺"之学，长期影响着我们文明生活的各个方面。

内容简介

《论语》全书共20篇，492章，其中记录孔门弟子之间相互谈论之语的有48章，记录孔子与弟子及时人交谈之语的有440章。这些文字，是我们今天研究孔子思想最宝贵的资料。

《论语》体现了一个为恢复礼制、挽救社会道德沦丧而奔走的圣哲博大精深的思想体系。孔子的政治理想是恢复周礼，他热切希望回到"礼乐征伐自天子出"的西周时代，以周礼来拯救当时"礼崩乐坏"的混乱局面。不过，孔子所讲的礼比起周朝的礼来说，已经多了一些新的时代因素，这就是把春秋时代兴起的"仁"的社会思潮整合入"礼"中。他所说的"礼"是以"仁"为思想基础的，所以说："人而不仁，如礼何？"同时，他所讲的"仁"又是以"礼"为政治原则的，所以说"克己复礼为仁"。孔子对"仁"有许多解释，最基本的意思是**"仁者爱人"**，即把人当人看待，而当时的奴隶主贵族正是不把奴隶当人的。从"仁"出发，孔子提倡"德治"，反对滥用刑罚，反对过分剥削。他主张对百姓进行"教化""使民以时""举贤才"等，这些在历史上都有一定的积极意义。

孔子是中国历史上最著名的教育家之一，首开私人讲学之风，并留下了许多至今依然十分具有启发性的宝贵思想。在教学方法上，孔子强调"不愤不启，不悱不发。举一隅不以三隅反，则不复也"（《述而》）的启发式教学，并主张因材施教，务必使弟子都能补偏救弊，向健全的方向发展。在学习态度上，他要求弟子要求实，要学思结合，在"多见而识"的基础上学思并重，但更重视的是理性自觉，"闻一以知十"（《公冶长》），"下学而上达"（《宪问》）。他还承认学无止境，"吾见其进也，未见其止也"（《子罕》），自己在教学中也是

"学而不厌，诲人不倦"（《述而》）。学知、求实、慎思、明辨是孔子对为学的基本要求。

对于文艺的本质和功用，《论语》中也有着独到的见解。孔子把他一生最推崇的"仁"的意识注入旧的礼乐形式之中，使之有了更具体的内涵。孔子美学思想的核心是美和善的统一，即高尚的内容和完美的形式的统一，而又把善放在首位。同时，孔子注意到了文艺对社会的影响作用，大力提倡"诗教"，也就是把文艺和政治道德结合起来，把推行礼乐教育看成是改良政治、改革社会、陶冶性情的重要手段。他指出，做一个完美的人应该"兴于诗，立于礼，成于乐"（《泰伯》），也就是把学习礼乐诗歌看成是人的品德修养的基础。

《论语》是一部以记言为主的语录，同时具有一定的文学价值。它以当时通俗平易、明白晓畅的口头语言为主，又吸收古代书面语言精粹洗练、典雅严谨的长处，形成了一种言简意赅而又深入浅出、朴素无华而又隽永有味的独特语言风格。《论语》善于从常见的生活现象中概括出深刻的哲理，尤其善于把深邃的哲理凝聚于具体的形象之中，使抽象的说理文字具有某种诗意。

《论语》词汇丰富、新鲜、生动、活泼，大量使用排比、递进、并列、对偶等手法，句式长短相间，错综变化，造成迂徐婉转、抑扬唱叹的效果，有很强的表现力。同时，《论语》中经常采用"比物连类"的含蓄手法，造成特殊的意蕴和审美效果。如《阳货》："不曰坚乎，磨而不磷。不曰白乎，涅而不缁。吾岂匏也哉？焉能系而不食？"连用三件具体实物，一层进一层地表明自己的政治态度，把微妙的心理寄寓在浅近的形象之中，再辅以重叠反诘的句式，更显出一种无可奈何的苦衷，耐人寻味。

《论语》的思想具有两重性：一方面，它体现了鲜明的民本思想，要求君主重视老百姓的利益和愿望，使民以时，与民实惠，而不可滥施刑罚，不教而诛。另一方面，它是站在统治阶级维护统治的立场，要为恢复礼乐教化而努力，因此提倡仁悌孝信，反对犯上作乱。这种矛盾是由孔子当时所处的阶级、社会、时代的局限性所决定的。

名篇选读

学而时习之，不亦说乎

　　子曰："学而时习之，不亦说乎？有朋自远方来，不亦乐乎？人不知而不愠，不亦君子乎？"

精彩译文

孔子说："学习知识然后时常温习，不是很快乐吗？有志同道合的人从远方来，不也很高兴吗？别人不了解我，我也不怨恨、恼怒，不也是有修养的君子吗？

赏析

　　"学而时习之"讲的是老师传授与自我学习相结合。向老师学习是从外至内的学思过程，自我的学习则是自我修炼的行为。由学到习，是从被动学习到主动学习的过程，也是将知识的学习内化为人身修养的过程。

　　"有朋自远方来"就是有志同道合的朋友从远处来交流求学、做人的心得，从而相互砥砺，这也是人生的一大乐事。孔子对这一点的强调充分说明学习也是互相切磋、互相鼓励、互相促进的事，这就明确了学习的外部因素的重要性。

　　"人不知而不愠，不亦君子乎"则是明确学习的目的，是为了具备良好的道德修养和知识积累，因此，即使别人不了解自己，也不应该抱怨。对于君子来说，别人是否了解自己，并不会影响他的情绪，因为自己的学习与别人的知不知并没有关系。

　　从以上来看，孔子提倡的学习不限于纯知识的书本学习，更重要的是学习做人的道理。从学习的内部要素到学习的外部影响，再到学习的目的，孔子在三句话中解决了三个问题，可以说是字字珠玑。这段话使用排比发问句，通过商量讨论式的语气提出自己的观点，这样的方式有利于启发学生更好地去思考，从中可以看出孔子一贯的循循善诱的教育风格。

精彩译文
曾子说："我每天多次反省自己：替别人办事是否尽力呢？同朋友交往是否诚实呢？老师传授的知识是否复习了呢？"

吾日三省吾身

曾子曰："吾日三省吾身：为人谋而不忠乎？与朋友交而不信乎？传(chuán)不习乎？"

赏析

曾子姓曾，名参，字子舆，是孔子晚年最看重的学生。在大多数情况下，人们习惯于把孔子弟子的话与孔子的话同等看待，这段话在后世影响深远。

在这段话里，曾子用反问自我的形式提出了儒家对于人身修养的重要观点——自省。这里所说的自省是儒家的一种道德修养方式，它是自觉地解剖自己，对自我的内心世界进行积极审视的一种行为准则。在这一准则的要求下，外在的道德约束被化为内在的自觉要求，修炼者通过这种自觉的审视自我而不断提高道德品质。

自省修养贵在即使没有别人看见也要坚持按照自己的原则做事，而不是在众人面前一个样子，在背后又是另一个样子。从这个角度上说，曾子这番话从思想和实践的结合上总结指出了自省是自我教育、自我修德的途径。更重要的一点在于，自省的目的是为人服务，办事要做到"忠"。这时忠的对象是普通的大众，而不是高高在上的君主。为普通人做事也要"忠"，这一点代表了传统伦理美德的最高价值。

为政以德

典籍百科
北辰：北极星，比喻帝王或受尊崇的人。

子曰："为政以德，譬如北辰居其所而众星共(gǒng)之。"

赏析

孔子一生从事了两类实践活动，一类是教育活动，另一类是政治活动。这两句话是他关于治理国家的重要观点。

孔子与学生周游列国

"为政以德"是《为政篇》的纲领，也可以看作孔子的执政纲领。孔子之所以在当时提出"为政以德"的观点，一方面是为了缓和消解统治者与被统治者之间日益尖锐的矛盾，另一方面则是因为孔子崇拜周公"敬德保民""以德慎罚"的传统，吸取殷商失德亡国的教训和周朝有德而兴的历史经验。他认为，只要像周公一样以德治国，就会让天下百姓像众星拱卫北斗星一样拱卫国君。

孔子还认为"德治"要优于"法治"。他说"道之以政，齐之以刑，民免而无耻；道之以德，齐之以礼，有耻且格"，意思是说用政令来领导人民，用刑罚来整顿他们，那么人民就只会求得暂时的免于罪过，而不会觉得不服从统治是可耻的；如果用道德礼教来统治人民的话，人民不但会有羞耻之心，还会完全服从统治者的统治。孔子认为用礼制来整顿和教育百姓的思想与行为，是最为有效的一种防止"犯上作乱"的方法，这也是儒家与法家在治国方略上最大的差异。

从历史的纵向来看，孔子所说的德治论其实是一种政治理想主义。这种观点在一个"礼崩乐坏"的时代夸大了道德的社会功用，所以孔子、孟子在当时到处碰壁，并被视为迂腐之人，而他们所反对的法家学说，却因为有富国强兵的实际效果而得到了列国的采用。不过，道德治国论虽然不能单独用来治国，但对于治理国家来说却是不可或缺的。孟子提出的"得民心者得天下，失民心者失天下"的见解和"正人先要正己"的主张，比法治论更具有战略眼光，更符合人道主义的精神。

精彩译文

孔子说："我十五岁开始立志学习，三十岁能有所成就，四十岁遇到事情不再感到困惑，五十岁能知道哪些是不能为人力所支配的事情，六十岁能听得进不同的意见，到七十岁才做事能随心所欲，不会越出规矩。"

吾十有五而志于学

子曰："吾十有五而志于学，三十而立，四十而不惑，五十而知天命，六十而耳顺，七十而从心所欲，不逾矩。"

赏析

本章是孔子对自己七十岁以前的人生经历的自述，反映了一代圣哲在自我完善方面的轨迹。十五岁立志学习，三十岁在社会上站稳脚跟，四十岁遇事不迷惑，五十岁懂得"礼"，六十岁听人谈话能明辨是非，七十岁顺从心里所想的去做，不会越出规矩。从这里我们可以看到，孔子求学、立身、明道的过程是从不自觉到自觉、从必然到自由的精神境界提升的过程。"知天命"，谓之"知礼"，是指对于社会和人生的深刻认识和体察，并从中获得对于社会变化和人生道路的应变能力。有了这种意识，便可做到"从心所欲，不逾矩"。孔子这种"知天命"的思想反映了奴隶社会末期人类理性和智慧的觉醒，标志着我们的祖先在认识自然、认识社会方面已经发展到了一个新的阶段。

通过这篇总结性的自述，孔子告诉人们，自己并不是天生就有种种优秀的品质，自己的知识也是通过学而知之的。只有活到老，学到老，人的素质才能不断提高，才能不断完善自我，求得发展。孔子所倡导的人生态度是一种生命不息、奋斗不止的态度，非常积极。这种少有所学、长有所立、壮有所成、老有所为的思想，早已成为中华民族代代相勉的格言。

君子周而不比

子曰："君子周而不比，小人比而不周。"

赏析

这句话是孔子关于君子和小人区别的精彩论述。"周"是以忠信为原则的团结，"比"是以私利为条件的勾结。君子能在道义上团结人，但不以私情而互相勾结；小人善于拉拢勾结而不在道义上团结人。通过这样的区分，孔子说明了君子和小人在处理人际关系方面的根本区别。

需要指出，"君子周而不比"与"君子和而不同"（《论语·子路篇》）的意义有相近之处，但又不完全是一回事。前者侧重社会交往中的人际关系，后者侧重个体的主观思想意识。"和而不同"说的是君子既重视个人与社会、与周围世界的和谐一致，又十分重视自己的精神自由与人格独立，体现出君子之所以为君子，就是因为他们有不随波逐流的精神追求。"君子周而不比""群而不党"（《论语·卫灵公篇》）则是指君子在与人交往的过程中，为公共利益、为多数人的利益团结一致，而耻于与少数人相互勾结，拉帮结派。君子与小人之所以对"周"与"比"会有如此不同的态度和不同的人格风貌，其根本原因就在于"君子喻于义"，而"小人喻于利"。

夫子之道，忠恕而已

子曰："参乎，吾道一以贯之。"曾子曰："唯。"

子出。门人问曰："何谓也？"曾子曰："夫子之道，忠恕而已矣！"

　　本篇是孔子的弟子曾参对孔子思想的一种概括。孔子对曾参说："我的道贯穿着一个根本的观念。"曾参表示他明白。孔子出门后，门人问曾参，曾参说："夫子的道，不过是忠诚、宽恕罢了。"

　　从曾参的角度概括出的"夫子之道"看起来就是简单的"忠"和"恕"两个字，却准确地说出了孔子思想的精髓。在这里，"忠"有两层意义，其一是为别人做事要尽心尽力，不能阳奉阴违，也就是《学而》章中所说的"为人谋而不忠乎"，在《子路》章中所说的"与人忠"，这是孔子提出的做人的基本原则，是"仁"的原则在人际关系中的体现。其二是为君服务也要尽心尽力，如《八佾》章中所说的"臣事君以忠"，这是"仁"的原则在政治生活中的体现。

　　"恕"即宽恕，意思是将心比心，设身处地为对方着想，也就是《论语·颜渊》章中所说的"己所不欲，勿施于人"。宽容的精神与民主自由的原则相一致，就是不把自己的观点强加于人，而以平等的态度对待人。

　　孔子一生都以"忠"和"恕"的标准要求自己和别人，曾参对"夫子之道"的概括也是对孔子人格魅力的一种概括。

君子喻于义

　　子曰："君子喻于义，小人喻于利。"

　　孔子经常以"君子"和"小人"、"义"与"礼"相对比，表明他对于人们的品质和行为的好恶与取舍，勉励学生去恶从善。本篇集中体现了这一观点。

　　在这里，"喻"是知道、懂得的意思，"义"指正当的行为原则。在孔子看来，只需要凭借对于"义"和"利"的态度就能把君子和小人区别开来。在君子心里，精神追求具有至高无上的地位，至于物质利益，则无须过度关注，只要过得去就行。小人则一心只想着物质利益，想着如何满足个人的私利，而对于精神世界的道义弃之不顾。孔子在这里明确义和利、君子和小人的关系，指明了精神生活价值与物质生活价值在君子与小人心目中的不同地位。他对"君子""小人"的分野判断深深影响着后世，已成为中华民族的一项基本思想。孟子的"舍生取义"就是在这一思想的影响下产生的。

见贤思齐

子曰："见贤思齐焉，见不贤而内自省也。"

赏析

本篇是孔子的自我修养学说，集中体现了孔子对个人修养的严格要求。

"见贤思齐焉，见不贤而内自省也"，这是一种高度自觉的意识。"见贤思齐"的原则要求每个人都要光明磊落地做人，以开阔的心胸对待身边的每一个人。对于比自己强的人，要承认别人的长处并虚心学习，以期达到和对方一样的高度，而不是嫉贤妒能。对于那些不如自己的人也不能心生轻视，而是要想想自己身上有没有他们的缺点，以免自己也成为"不贤"之人。学习他人的长处，才能弥补自己的缺点，以别人的缺点为鉴才能避免重蹈覆辙。只有时时保持自勉自励才能提升自我、完善自我，这是孔子对自身的要求，也是他教育学生提升自我修养的重要原则。"见贤思齐""择善而从"作为儒家文化教育的重要思想，开启了儒家文化优秀的教育传统，对后世产生了深远影响。

敏而好学，不耻下问

子贡问曰："孔文子何以谓之'文'也？"
子曰："敏而好学，不耻下问，是以谓之'文'也。"

> **精彩译文**
> 聪敏勤勉又爱好学习，不以向比他地位卑下的人请教为耻。

古代的谥号是在人死后对其生平做出的评价和定论，如果其生前德行操守高尚，就会得到好的谥号；若是品行欠佳，就会得到恶的谥号。孔文子姓孔，名圉，是卫国的大夫，"文"是其谥号。"文"的谥号较为崇高，所以引起子贡的疑问。

孔子的回答是"敏而好学，不耻下问，是以谓之'文'也"。也就是说，孔圉聪明而又好学，不以向不如自己的人学习为耻，这就是他得到这一谥号的原因。孔子认为孔圉不论是否存在缺点，只要他具有"敏而好学，不耻下问"的品德素质，就够得上谥以"文"字了。这八个字之所以这么重要，是因为一个人如果天资很聪明，往往容易产生骄傲自大的情绪，不愿再多学习、多进步，而孔圉能做到既聪明敏捷，又喜欢不断学习提高自己，因此非常难得。一个人比别人的地位、成就高的时候，往往会为了维护自己的面子，而不肯向不如自己的人虚心求教。孔圉能放下架子，向不如自己的人学习，就更为难得了。这两种品质都是提升个人修养中非常难做到的。孔子对孔圉的评价也正是孔子对于个人修养和教育学生的主张。

颜渊、季路侍

颜渊、季路侍。子曰："盍(hé)各言尔志？"
子路曰："愿车马衣裘与朋友共敝之而无憾。"
颜渊曰："愿无伐善，无施劳。"
子路曰："愿闻子之志。"
子曰："老者安之，朋友信之，少年怀之。"

赏析

这是一段孔子和弟子们在一起聊天谈志向的记录。当孔子让颜渊、季路说各自志向的时候，子路抢先谈了自己的愿望，说明他性格豪爽且急躁。子路的愿望是把他的车、马、衣服、皮袍给朋友共同使用，坏了也没什么遗憾，显示了他讲义气、重承诺、慷慨激昂的豪勇气概。颜渊的志向是不吹嘘自己的优点，不表白自己的功劳，表明了他谦虚、谨慎，注重自我修养的一贯作风。可以说，他们谈的理想更多的是个人理想。

而孔子的志向是"老者安之，朋友信之，少年怀之。"孔子没有谈自己的个人理想，而只谈了社会理想。显然，孔子在追求一个充满仁德的和谐社会。在礼崩乐坏、战乱频繁的春秋时期，老人需要安逸，朋友需要信任，青少年需要关怀，这些都是现实中急需解决的问题。以孔子周游列国的所见所闻，以他担任过鲁国司寇而兼摄相国的从政经历，他对社会现实有着比一般人更深刻的认识，因此提出的志向有着丰富的社会意义。而孔子在言志时只谈自己的社会理想，也是为了引导他的学生关注社会、关注民生，站在国计民生的角度思考问题，立下保国为民的远大志向。

孔子与弟子

文质彬彬，然后君子

子曰："质胜文则野，文胜质则史，文质彬彬，然后君子。"

赏析

这段话高度概括了形式与内容的关系和成为君子的人格模式，是孔子的名言。

质，指质朴的内容，在这里可以理解为仁义的修养。文，指文采，可以理解为礼乐的运用形式。史，本义是宗庙里掌礼仪的祝官或官府里掌文书的史官，在这里用作形容词，比喻像"史"那样言辞华丽，虚浮铺陈。孔子认为，内容和形式之间的关系是辩证统一的，如果内在的质朴胜过外在的文采，就未免粗野；而外在的文采胜过内在的质朴，则未免显得浮华。只有把质朴的品格和斐然的文采配合恰当，才能成为君子。彬彬，比喻文质兼备，互相融合，配合恰当的样貌。对于君子修身来说，"质"就是仁，"文"就是礼，仁统摄礼，礼体现仁，二者不可偏废，仁与礼兼备，就达到了君子的标准。

世上的事物都有对立面，质朴、文雅均为美德，然二者又相互对立，倘仅持一端甚至偏激，则必然走向粗野或虚浮。世上的事物也都有统一，固持一端则难于永立，本章中的"质"指内容而言，"文"指形式而言。

这段文字在后世不仅被用在形容人格修养上，而且还被用在形容文学作品的内容与表现形式的关系上。质朴内涵需要文采形式，不可片面强调内容而忽略形式，否则就会"言之无文，行之不远"；也不可过于炫耀形式，徒有文采而无内容，则必然走向虚浮。这就是"文质彬彬，然后君子"给中国古代文论留下的宝贵经验。

学而不厌，诲人不倦

子曰："默而识^{zhì}之，学而不厌，诲人不倦，何有于我哉？"

赏析

这是孔子关于教育的一段著名论述。"默而识之"指默默地记住所学的知识，"学而不厌"是努力学习而不满足，"诲人不倦"是教诲别人而不厌倦。孔子一向主张学习的目的在于理解知识并学会运用，而不是把知识作为炫耀的资本，所以他主张默默地牢记所学的知识。孔子深知学习对于老师来说同样必不可少，所以在这里提出的博闻强记不仅是对学生的要求，也是对自己的鞭策。

孔子一生致力于教书育人，他对"教"与"学"的关系有着非常深刻的认识，那就是：自己努力学习永不满足，认真教诲永不疲倦。作为老师，不应该满足于现有的知识体系，而是要不断地学习、不断地进步，在此基础上永不厌倦地把自己的知识传授给学生。如果做到了这一点，那对于一个老师来说就很合格了。"学而不厌，诲人不倦"的格言，既反映了孔子作为"万世师表"的精神风貌，也为后世的教育行业树立了一块永不磨灭的精神丰碑。

举一反三

子曰："不愤不启，不悱^{fěi}不发。举一隅不以三隅反，则不复也。"

> **语文课堂**
> 举一反三：指拿已知的一件事理去推知相类似的其他事理。比喻善于由此知彼，触类旁通。

赏析

这是孔子关于教育的一段名言。愤，指思考问题时有疑难想不通；悱，指想要表达却说不出来。教导学生时，不到他冥思苦想而不通的时候，不轻易开导他；不到他想问却问不出的时候，不轻易启发他。告诉他问题的一个方面而不能联想到其他方面，就不要再教导他了。这种教育思路是中国启发式教学方法的开端。这里需要注意的是，孔子强调学生有了发问求知的要求，老师才能给以指导和帮助，这涉及学习动机和兴趣的问题。只有学习有了动机和兴趣，老师才能加以提示引导；而"举一反三"是学习时的思考能力，是对问题的深入理解。孔子在教学中重视采用启发的方式，注重学生主观能动性的发挥和独立思考能力的培养，非常符合教学的规律，直到现在也是我们在教育中应该遵从的教学原则。

任重而道远

语文课堂

任重道远：指担子很重，路途遥远。比喻责任重大，并且需要付出长期艰苦的努力。

　　曾子曰："士不可以不弘毅，任重而道远。仁以为己任，不亦重乎？死而后已，不亦远乎？"

赏析

　　曾参的这段话既是他对自己人生追求的概括，也是他对孔子一生追求的解读。知识分子应磨炼自己的坚强意志，以实现"天下归仁"为自己的责任，这是一项意义重大而道路曲折的任务。要实现这一目标，必须坚持不懈地奋斗终生，死而后已。孔子一生都以拯救天下、"克己复礼"为己任，教育学生时也告诉他们要抱有远大的志向，对社会的发展负责任，并把这一点作为德育的重要内容。这种为国为民而奋斗，鞠躬尽瘁、死而后已的精神，影响了几千年来的知识分子，并由此孕育出"天下兴亡，匹夫有责"的意识，成为千百年来中华民族的民族精神。

季路问事鬼神

季路问事鬼神。子曰："未能事人，焉能事鬼？"
曰："敢问死。"曰："未知生，焉知死？"

赏析

　　子路向孔子询问怎样奉事鬼神，孔子的回答是："连怎么奉事好活人都没弄明白，怎么能奉事鬼神？"子路又问死是怎么回事，孔子回答："连活的道理都还没有弄清楚，怎么能够懂得死是怎么回事？"在这两句对话中，孔子要求弟子以理性的态度对待现实的人生，清楚地表达了他现实主义的人生哲学。在生产力水平低下、科学技术不发达的条件下，谁能说清楚神秘难测的鬼神问题？在迷信风气弥漫的春秋时期，又有几个人能提出"敬鬼神而远之"的骇人言论？

　　孔子提出"先事人""先知生"的观点，是强调"事人""知生"的首要地位。儒家重视今生今世的投入与付出，认为只有立足于人生才能参悟死亡的真谛，因此坦然面对死亡。孔子尊尚周代的文明，并从自身做起，力图摆脱原始命运和鬼神的桎梏，走上诗歌礼乐文化的道路。他对于鬼神的存在采取一种两可的态度，不议论鬼神，却又不否定鬼神的存在。这种把神道归属于人道，"敬而远之"的态度，是一种非常理智、通达而宽容的态度，表现出难得的人文主义精神。

道德经

影响深远的东方智慧

老子，姓李名耳谥聃，生卒年不详，约生活在春秋末年，大概公元前580-前500年之间。据《史记》记载，老子曾担任周朝**"守藏室史"**，守藏室是周朝收藏典籍的地方，相当于现在的国家图书馆，里面典藏了天下的文章和书籍，汗牛充栋，无所不有。而"守藏室史"大约相当于我们现在的国家图书馆馆长，所以老子熟知周朝的图书典籍，学问渊博。

春秋战国时期，列国纷争，老子目睹了百姓的疾苦，为周王室提出了一系列治国安民的主张，但并未得到足够的采用。后来周王室衰微，80多岁的老子放弃做官云游四方，在函谷关遇见了关令尹喜。尹喜请求他著书，"于是老子乃著书上下篇，言道德之意五千余言而去"，最终成了隐士，"莫知所终"。

老子以**"道"**为出发点，通过对人间自然的观察体悟，并结合对古代文化精髓的理解，得出自己思考的心得。以德为归宿，凝练成5000多字，分81章阐述"道"的无所不包、无所不容、无不贯通，将先秦思想文化筑成一座华夏文明辉煌的思想丰碑。

春秋末年，诸侯之间战乱不断。要想改变这种局面，必须打破"君权神授"的观念，消除借天之名的压迫。在《尚书·诏诰》中，最早出现了君权神授的观点，即"有夏服（受）天命"，周武王也自称天子。"天命"的观念为君王的残暴荒淫、横征暴敛找到了理论上的支持，有助于维护统治阶级的等级制度和礼法观念。人民群众生活在一个"天命"的谎言社会里深受压迫。

在这个背景下，老子提出了"道"的概念，"道"成为最高的存在，是万物之本源，也是万物生存发展的依据，这一理论的提出，揭穿了"君权神授"的谎言，也为政治哲学提供了理论基础。

《道德经》的总字数因为版本不同而有所差异：马王堆帛书，甲本为5344字，乙本为5342字（外加重文124字）；今本，河上公《道德经章句》为5201字（外加重文94字），王弼《老子道德经注》为5162字（外加重文106字），傅奕《道德经古本》为5450字（外加重文106字）。现代《道德经》通行本，是以王弼所注为底本，字数为5162字。

作为道家最为著名的代表作，《道德经》凝结着中国文化厚重广博的智慧，并以简洁的语言、丰富的内容、深邃的思想，成为经久不衰的哲学典范。

内容简介

《道德经》分为"道经"和"德经"。道经三十七章，主要阐述"道"的概念，"道"作为世间本源，它无形无相，却育养万物。因此，宇宙世界间的一切聚散生灭，都需顺道而为，依道而行。德经四十四章，阐述修道所需要秉持的人生观、价值观与世界观，用其来作为参悟"道"之要义的基础。

老子在书中的主题思想是"道法自然"。纵览全书，从**哲学**角度来说，"道"是天地万物之始之母，阴阳对立与统一是万物的本质体现，物极必反是万物演化的运动规律。**伦理**角度来说，老子主张质朴、无私、清静、谦让、守弱、淡泊等遵循自然的德性。**政治**角度来说，老子主张对内无为而治，不生事扰民，对外和平共处，反对战争与暴力。

以上三个角度构成了《道德经》的主要思想层面，在结构上也实现了从哲学到伦理学到政治学的层层递进，最终导向对于理想政治的设想和治理之道，即：从自然秩序中寻找通向理想社会秩序的道路。

全书文约意丰、见解深刻，语言富有感染力，也形成了很多成语、格言、座右铭等。对中国的哲学、科学、宗教、政治等方面的发展产生了深远的影响，编码了华夏文明的文化基因。当然也成为现代人修身养性、为人处世，平衡家庭与社会生活之间关系的范本与指南。

名篇选读

第一章

精彩译文
可以用语言表达出来的道，不是永恒普遍的道；可以言说的名，也不是永恒普遍的名。

道可道，非常道；名可名，非常名。

无，名天地之始；有，名万物之母。

故常无，欲以观其妙；常有，欲以观其徼。^{jiào}

此两者，同出而异名，同谓之玄。玄之又玄，众妙之门。

赏析

"道"这个哲学概念，最先由老子提出。

这个颇具东方神秘主义的概念，在《道德经》一书中频繁出现，有时似乎在显示宇宙天地间一种无比巨大的原动力；有时又在描画天地混沌一片的那种亘古蛮荒的状态；或展示天地初分，万物始生，草萌木长的一派蓬勃生机。

从老子对"道"的种种构想中，完全可以体会到老子对"道"的那种虔诚的膜拜和敬畏的由来。老子对"道"的推崇，源于对自然和自然规律的体认，这区别于那个时代视"天"为绝对权威的思想观念。"道"对老子来说，仅仅是为了彻底摆脱宗教统治而提出的一个新的概念，它比"天"更具权威性。

同时老子的"道"具有一种对宇宙人生独到的解悟和深刻的体察，这根源于他对自然界的细致入微的观察和一种强烈的带有楚地风味的神秘主义直觉。这种对自然和自然规律的关注，构成老子哲学思想的基石。

在这一章里，老子重点介绍了"道"。"道"是唯心的还是唯物的，引起了许多研究者的兴趣。在历史上，第一个为《道德经》作注的是韩非子，韩非子生活的时代距离老子比较近。关于什么是道，在《韩非子·解老》中，韩非子说："道者，万物之所然也，万理之所稽也。理者，成物之文也。道者，万物之所以成也。故曰：道，理之者也。"在《史记》中，司马迁把老子与韩非子列入同传，司马迁认为韩、庄、申"皆原于道德之意，而老子深远矣"。汉代的王充《论衡》一书中认为老子的"道"的思想是唯物论的。但是到魏晋时代，情况发生了变化。一些玄学家体会老子哲学所谓"天下万物生于有，有生于无"的妙义，肯定宇宙的本体只有一个"无"，随后佛教传入中国并渐渐兴盛起来，玄与佛合流，因而对道的解释，便倒向唯心论方面。宋明时期的理学家同样吸取了佛学与玄学思想，对老子的"道"，仍旧作了唯心主义解释。总之，道是唯物论还是唯心论，学者们一直有不同的看法。

第二章

天下皆知美之为美，斯恶已；皆知善之为善，斯不善已。

有无相生，难易相成，长短相形，高下相倾，音声相和，前后相随，恒也。

是以圣人处无为之事，行不言之教；万物作而弗始，生而弗有，为而弗恃，功成而弗居。夫唯弗居，是以不去。

精彩译文
所以有和无互相依存，难和易相反相成，长和短互相比较，高和下互相依靠，音与声互相和谐，前和后互相跟随，这是永恒的现象。

赏析

本章内容分两个层次。第一层集中鲜明地体现了老子朴素的辩证法思想。

在前一层意思的基础上，展开第二层意思：处于矛盾对立的客观世界，人们应当如何对待呢？老子提出了"无为"的观点。学术界有人认为第一章是全书的总纲；也有人认为前两章是全书的引言，全书的宗旨都在其中了。

无论学术界在"道"的属性方面的争论多么激烈，学者们都一致认为老子的辩证法思想是其哲学上的特征。老子认识到宇宙间的事物都处在变化运动之中，事物从产生到消亡，都是有始有终的、经常变的，宇宙间没有永恒不变的东西。老子在本章里指出，事物都有自身的对立面，都是以对立的方面为自己存在的前提，没有"有"也就没有"无"，没有"长"也就没有"短"，反之亦然。这就是中国古典哲学中所谓的"相反相成"。本章所用"相生、相成、相形、相倾、相和、相随"等，是指相比较而存在、相依靠而生成，只是不同的对立概念使用不同的动词。

在第三句中首次出现"无为"一词。无为不是无所作为，而是要按照自然界的规律办事。老子非常重视矛盾的对立和转化，他的这一见解，恰好是朴素辩证法思想的具体运用。老子主张君主顺应民众，不妄为，用无为的方法达到有为的目的。当然，无为也并非意味着君主要消极避世，而是努力学习，通晓社会和自然的规律，顺应天时，达到无为而治的目的。

第五章

精彩译文
政令繁多又经常失败，不如坚守空虚无为。

天地不仁，以万物为刍狗（chú）；圣人不仁，以百姓为刍狗。

天地之间，其犹橐籥乎（tuó yuè）？虚而不屈，动而愈出。

多言数穷，不如守中。

赏析

"刍狗"是指古代祭祀时，用草扎成的狗，在祭祀之前是很受人们重视的祭品，但用过以后即被丢弃。老子认为天地是自然的存在，没有理性和感情，它的存在对自然界万事万物不会产生任何作用。认为天地自然法则对某物有所偏爱，或对某物有所嫌弃，这种观点其实只是人类感情的投射作用。老子在这里表述了自己无神论的思想倾向，否定当时思想界存在的把天地人格化的观点。

第二句老子同样用了一个比喻，即：使用的风箱，只要拉动就可以鼓出风来，而且不会竭尽。天地之间好像一个风箱，空虚而不会枯竭，越鼓动风越多。在这里，老子再次谈到"无为"的社会政治思想，他认为，作为圣人——理想的统治者，应当是遵循自然规律，采取无为之治，对老百姓也不应有厚有薄，而要平等相待，任凭老百姓自作自息、繁衍生存，不会采取干预的态度和措施。

通过这两个比喻，老子想要说明的问题是："多言数穷，不如守中。"政令烦苛，只会加速其败亡，不如保持虚静状态。这里所说的"中"，不是中正之道，而是虚静。儒家讲中正、中庸、不偏不倚，老子讲的这个"中"，还含有"无数"的意思。用很多强制性的言辞法令来强制人民，很快就会遭到失败，不如按照自然规律办事，虚静无为，万物反而能够生化不竭。

古人惯于把天看作世界万物的主宰，并往往赋予天以人格、理性、情感和宗教方面的含义，先秦诸子们也大多继承了这种传统的天命观。孔子关于"天"的理解是有矛盾的，就其思想的主导方面而言，仍是坚持了殷周以来的天神观念，肯定天是有意志的，并且肯定天命；而墨子则提出"天志""天意"，宣扬天有意志，认为天能赏善罚恶，并有"兼爱"精神；孟子更以人性的义理推及天道，说"诚者天之道也，思诚者人之道也"。时至今天，人们还常说"天理难容"这样的话，可见，传统天命观是如何广泛而深远地影响着人们的思维方式。

老子是一个勇敢的批判者，具备了同时代和以后诸多哲学家、学者所不具备的睿智和胆识。正是他第一个提出了天不讲仁慈这样的真理，并用哲学的推理，把自然界的原理转向人世。在老子的眼中，天不带有任何人类道义和道德方面的情感，它有自己运行的客观方式。天虽然不讲仁慈，但也无所偏向，不特意对万物施暴。它滋生万物，给世界以蓬勃的生机，人类得以繁衍生息，社会文明得以昌明。因此，"圣人"也不对百姓讲仁慈，他应仿效自然运行的样子，治理社会。如果治理者发的议论多了，人为的干预多了，各种矛盾也就会激化，更何况个人的意见往往带有片面性或谬误。

老子在关于"天"的问题上，既不同于孔子的"天命"，又区别于墨子的"天志"，认为"道"是宇宙万物的根本。"天"是由"道"产生的，它没有意志，没有好恶，更不是一种超自然的精神力量。这无疑是一种自然之天。老子的功绩，就在于他否定了有人格的天，提出了自然之天。

第九章

持而盈之，不如其已；揣而锐之，不可长保。金玉满堂，莫之能守；富贵而骄，自遗其咎。功遂身退，天之道也。

赏析

老子首先说："持而盈之，不如其已。"可以理解为，一个人，能对天道自然的法则有所认识，那么，天赋人生，已够充实。能够将生命原有的真实性，善加利用，就能优游余裕而知足常乐了。如果忘记了原有生命的美善，反而利用原有生命的充裕，扩展欲望，那么，必定会遭受无限的苦果。还不如寡欲、知足，就此安于现实，便是最好的解脱自在。

这一章正面讲一般人的为人之道，主旨是要求行事须留有余地，不要把事情做得太过，不要被胜利冲昏头脑。老子认为，不论做什么事都不可过度，而应该适可即止，锋芒毕露、富贵而骄、居功贪位，都是过度的表现，难免招致灾祸。一般人遇到名利当头的时候，大多心驰神往、趋之若鹜，老子在这里说出了知进而不知退、善争而不善让的祸害，希望人们把握好度，适可而止。本章的主旨在于写"盈"，"盈"即是满溢、过度的意思。自满自骄都是"盈"的表现。持"盈"的结果，将不免于倾覆的祸患。所以老子谆谆告诫人们不可"盈"，一个人在成就了功名之后，就应当身退不盈，这才是长保之道。

事物的发展本来就是向着自己的对立面，否泰相参、祸福相依，"功成名就"固然是好事，但其中却也含有引发祸水的因素。老子已经悟出了其中奥秘，正确指出了进退、荣辱、正反等互相转化的关系，否则便会招致灾祸。因而他奉劝人们急需趁早罢手，见好即收。在事情做好之后，不要贪婪权位名利，不要尸位其间，而要收敛意欲，含藏韬晦。宋代著名文学家欧阳修的诗句"定册功成身退勇，辞荣辱，归来白首笙歌拥"，正体现了"功遂身退"的精神。

总之，这种观念的重点，在于一个"持"字的诀窍。能不能持盈而保泰，那就要看当事人的智慧了。如果从第二层次来讲，老子这句话，是对当时在位的诸侯和权臣大夫们有感而发的金玉良言。

第十一章

三十辐共一毂（gǔ），当其无，有车之用。埏埴（shān zhí）以为器，当其无，有器之用。凿户牖（yǒu）以为室，当其无，有室之用。故有之以为利，无之以为用。

> **典籍百科**
> 毂：是车轮中心的木制圆圈，中有圆孔，用于插轴。
>
> 埏埴：供人饮食使用的陶器。
>
> 户牖：门窗。

赏析

老子在本章里论述了"有"与"无"，即实在之物与空虚部分之间的相互关系。他举例说明"有"和"无"是相互依存、相互为用的。无形的东西能产生很大的作用，只是不容易被一般人所觉察。他举了三个例子：车子的作用在于载人运货；器皿的作用在于盛装物品；房屋的作用在于供人居住，这是车、皿、室给人的便利。这一段话很巧妙地说明"有"和"无"的辩证关系。一个碗或茶盅中间是空的，可正是那个空的部分起了碗或茶盅的作用。房子里面是空的，可正是那个空的部分起了房子的作用。如果是实的，人怎么住进去呢？老子给出结论说"有之以为利，无之以为用"，它把"无"作为主要的对立面。老子认为碗、茶盅、房子等是"有"和"无"的辩证的统一，这是对的；但是认为"无"是主要对立面，这就错了。毕竟是有了碗、茶盅、房子等，其中空的地方才能发挥作用。如果本来没有茶盅、碗、房子等，自然也就没有中空的地方，任何作用都没有了。

再次，如"凿户牖以为室，当其无，有室之用。"户是室内的门，牖是窗户。要建造一间巨大的房屋，必须要开辟门窗，以便光线空气的流通，才能住人而养人。使人胸襟开阔，内外畅达而无阻碍。由此而说明"涤除玄鉴，能无疵乎"的修习心智功夫，必须要开张心智，静居其中，见闻不隔而清静无为。如要施之于用世之道，便是"明白四达，能无知乎"的楷模。

最后重复叮咛，无论是出世之道，入世之用，必须要切实明白道在"有无"之间的玄妙。因此说："故有之以为利，无之以为用。"了解此理，才是真能懂得"利用安身"的大法则。

第四十二章

精彩译文

道是独一无二的，道本身包含阴阳二气，阴阳二气相交而形成一种适匀的状态，万物在这种状态中产生。

道生一，一生二，二生三，三生万物。
万物负阴而抱阳，冲气以为和。
（人之所恶，唯孤、寡、不穀，而王公以为称。故物或损之而益，或益之而损。人之所教，我亦教之。强梁者不得其死，吾将以为教父。）

赏析

这一章的前半部分讲的是老子的宇宙生成论。这里老子说到"一、二、三"，乃是指"道"创生万物的过程。宇宙万物的总根源是"混而为一"的"道"，对于千姿百态的万物而言，"道"是独一无二的。另一段话是警戒王公要以贱为本、以下为基。对后一段内容，有的学者认为这一段文字与上一段讲的原理关联不上，疑为三十九章文字错移本章。另一种说法是两段前后虽然不相密切关联，但意义仍相近。这是讲矛盾的双方既是对立的，又是统一的，事物相反相成，双方并非不变，而是可以互相转化的。所以，这一章再次表达了老子的辩证法思想。

　　"一、二、三"这几个数字，并不是把"一、二、三"看作具体的事物和具体数量。它们只是表示"道"生万物从少到多、从简单到复杂的一个过程，这就是"冲气以为和"。这里老子否定了神的存在，从多元论的宇宙观发展为一元论的宇宙观，这是值得称道的。冯友兰说："老子书说'道生一，一生二，二生三，三生万物，万物负阴而抱阳，冲气以为和'。这里说的有三种气：冲气、阴气、阳气。我认为所谓冲气就是一，阴阳是二，三在先秦是多数的意思。二生三就是说，有了阴阳，很多的东西就生出来了。那么冲气究竟是哪一种气呢？照后来《淮南子》所讲的宇宙发生的程序说，在还没有天地的时候，有一种混沌未分的气，后来这种气起了分化，轻清的气上浮为天，重浊的气下沉为地，这就是天地之始。轻清的气就是阳气，重浊的气就是阴气。在阴阳二气开始分化而还没有完全分化的时候，在这种情况中的气就叫作冲气。'冲'是道的一种性质，'道冲而用之或不盈'。这种尚未完全分化的气，与道相差不多，所以叫冲气，也叫作一。"冯先生的这一分析是很有见地的。在本章后半部分，老子讲了柔弱退守是处事的最高原则，谦受益，满招损，这也合乎辩证之道。

　　"道生一"，是"致虚极，守静笃"时"物我两忘"的混沌境界，勉为其难地称之为"一"。东方文化从无虚言，一切来自真实的体验。"一生二"的"二"实是"天地万物"与"有欲无欲之心"，"此两者同出而异名"。"二生三"实是"此两者同出而异名"的"名"产生了。如果没有"名"，即"美之为美"产生的概念，外物是不可能确定的，过分确定就是"塞"。这"名"如果没有，就不可能进而识心、认识自己的本来面目。"道"之"证道"，就成为不可能。万物负阴抱阳的本义是"此两者同出而异名"，当演化为"名相"之后，也就成了万物的独自规律。

周易

自强不息与厚德载物

商纣王时期，周国还只是商朝的一个诸侯国，诸侯国的统治者称为"西伯"。当时的周文王姬昌也只是周国的一位西伯侯。姬昌在位期间，勤于政事，大力发展经济，引起了纣王的猜忌，认为他威胁了商朝的统治。

于是纣王用计将姬昌骗到羑里囚禁了起来。这一关就是七年，相传这七年间，姬昌笔辍不耕，写下了著名的《易经》。在司马迁的笔下，就成了我们耳熟能详的**"盖文王拘而演周易"**。

汉代人所说的《周易》，包括经、传两部分，传是对经的解释。因其是中国古代一部神秘的著作，因为流行在周朝，所以叫《周易》，并被儒家尊为群经之首。《易经》则指六十四卦的卦象、卦辞、爻辞。关于**"易"**字，古代有三种解释：一是简易，二是变易，三是不易。具体来说就是易首先推崇简便，其次注重事物的发展变化，而最终其道理则是不可随意改变的。作为占卜之书，易的占卜本愿即以揲蓍数目之变，推求问事之变，借以释疑。从编排体例及文字内容看，《易经》是一部古代的占卜用书，但却蕴含了大量哲学思想和人生理念。《易经》是古代汉民族思想和智慧的结晶，对中国几千年来的政治、经济、文化等各个领域都产生了极其深刻的影响。

　　《易经》成书于何时，作于何人，迄今无定论。《史记》记载"文王拘而演周易"，故古人多依司马迁之说而认同《易经》乃周文王所著。《汉书·艺文志》提出"人更三圣"说，认为伏羲氏画八卦；周文王演为六十四卦，作卦辞和爻辞；孔子作传以解经。五四运动以后，史学界对传统说法提出怀疑，认为卦和爻辞中讲到周文王以后的历史事件和历史人物，足证《易经》成书非出于一时一人之手，因此出现了周初说、春秋中期说和战国说，所据不一。

　　由于成书很早，文字含义随时代演变，《易经》的内容在春秋战国时便已不易读懂，为此古人专门撰写了《易传》以解读《易经》。今天我们所说的"周易"通常指《易经》和《易传》二者的结合。秦始皇焚书坑儒之时，《易经》被列入医术占卜之书而使之得以幸免。

　　《周易》的成书时间历来颇多争论。就《易经》与《易传》而论，《易经》的成书年代古老，从其文字的生僻程度看，至少比春秋要早，具体年代已不易考证，有说西周初的，有说西周末的。《易经》六十四卦体例完整和谐不可分割，文字风格前后一致，当属一气呵成，而非几个时代的断续之作。只是其中的卦画，有可能是更早时流传下来的。与《易经》相比，《易传》的文字则明显好懂得多。同时《易传》的不同篇目，甚至同一篇目中不同章节运用文字的风格及内容观点也明显多变，可能不是一时一人所写。关于《易传》的作者，《史记》载为孔子，今人有认为其成书于战国时期或秦汉的，也有认为是后人在孔子原《易传》的基础上添加修改而成的。但不论如何，《易传》中多有儒家观点出现，并且是努力寻找《易经》的道德伦理价值的。

　　战国后期，对《易经》的研究逐渐成为一门专门的学问，一些系统阐释《易经》的文字陆续被收集起来，汇成《五传》。至汉代，经学兴起，其中关于《周易》经传的解释，称为易学。易学源远流长，历时两千余年，形成了许多流派，如象数学派、义理学派等。许多著名哲学家，依据《周易》经传提供的思想资料，建立起自己的哲学体系。

内容简介

现在流传下来的《周易》由两部分组成。

《易经》：共六十四卦，每卦的内容包括**卦画**、**卦辞**、**爻题**、**爻辞**。形象地说，六十四卦如同著作的六十四章，卦画如同每章的序号，卦辞如同每章的题目和主旨，每卦六爻如同六个小节，爻题如同每节的序号，爻辞如同每节的内容。六十四卦共三百八十四爻，但为首的两卦乾和坤各多一爻，所以共三百八十六条爻辞。

《易传》：有十篇，又称**"十翼"**，是对《易经》的注释。《十翼》包括：一、彖上传（《周易》每卦有"彖辞"，《彖传》就是解释"彖辞"的话）；二、彖下传；三、象上传（又称"大象"）；四、象下传（又称"小象"）；五、系辞上传；六、系辞下传；七、文言传（文言是解释二卦经文的言语）；八、序卦传；九、说卦传；十、杂卦传。

有人认为，占卜之书的性质并不能掩盖《易经》作为一部伟大哲学著作的价值。占卜起源于人类解释世界的渴望，哲学的萌芽从原始宗教中生发出来，《易经》为此提供了很好的例证。中国哲学中阴阳相生相克、对立统一的基础理论，便是根植于《易经》。后人从《易经》中发展出了复杂的哲学系统，儒家和道家

伏羲八卦图

的学说均明显受到《易经》的影响。今人更是从《易经》中解读出哲学、政治、历史、军事、民俗等诸多方面的研究价值。

　　《易经》包含一套独特的符号系统，用阳爻"—"（一个长横）和阴爻"--"（两个短横）三个一组相叠构成八卦，六个一组相叠构成六十四卦。八卦分别象征天、地、水、火、风、雷、山、泽，以及这八种事物内涵的特质，并借由以上特质可以取类比象万事万物。

　　《易经》六十四卦的顺序绝非随意排列，而是象征了事物的发展过程，每卦的卦画也富有深意。首两卦乾和坤各象征天地，又不仅止于天地，抽象出了世界初始状态中纯阳和纯阴的性质。接着阴阳相荡，化生万物，接下来的一卦便是"屯"，描述了世界初生时混沌的状态。

　　至第六十三卦为既济，其卦画是阴爻与阳爻均匀分布，并且阳爻居于奇数位（阳位），阴爻居于偶数位（阴位），意思是阴阳已发展至完全调和的平衡态，似乎世界归于静止了。但《易经》令人叹服的是以"未济"作为第六十四卦来结尾，在看似平衡的静止之后，体现出世界本质上是运动不息的。

如同六十四卦的顺序一样，每卦中六爻的顺序也反映事物在某细节发展阶段的规律，这种规律因该爻所处的卦的主旨、该爻的具体位置（从下至上六个位置中的哪一个），以及该爻的性质（阴还是阳）等因素综合而决定。

《易经》六十四卦，以自古流传的"上下经卦名次序歌"来简述为：乾坤屯蒙需讼师，比小畜兮履泰否。同人大有谦豫随，蛊临观兮噬嗑贲。剥复无妄大畜颐，大过坎离三十备。咸恒遁兮及大壮，晋与明夷家人睽。蹇解损益夬姤萃，升困井革鼎震继。艮渐归妹丰旅巽，兑涣节兮中孚至。小过既济兼未济，是为下经三十四。

六十四个卦象的排列顺序，现传有两种本子：一是通行的《周易》本，分上下经，上经始于乾卦，次为坤卦，下经终于未济卦；二是长沙马王堆汉墓出土的帛书本，首卦为乾，次卦为否，终于益卦。卦辞和爻辞的内容大致有三类：一是讲自然现象的变化，用来比拟人事；二是讲人事的得失；三是判断吉凶的词句。据研究，卦、爻辞反映了奴隶制的社会生活。

伏羲画卦

䷀ 乾卦

乾：元，亨，利，贞。

《彖》曰：大哉乾元，万物资始，乃统天。云行雨施，品物流形。大明终始，六位时成。时乘六龙以御天。乾道变化，各正性命。保合大和，乃利贞。首出庶物，万国咸宁。

《象》曰：天行健。君子以自强不息。

初九：潜龙，勿用。

《象》曰："潜龙勿用"，阳在下也。

九二：见龙在田，利见大人。

《象》曰："见龙在田"，德施普也。

九三：君子终日乾乾，夕惕若厉，无咎。

《象》曰："终日乾乾"，反复道也。

九四：或跃在渊，无咎。

《象》曰："或跃在渊"，进无咎也。

九五：飞龙在天，利见大人。

《象》曰："飞龙在天"，大人造也。

上九：亢龙，有悔。

《象》曰："亢龙有悔"，盈不可久也。

用九：见群龙无首，吉。

《象》曰："用九"，天德不可为首也。

赏析

　　本卦是《周易》的第一卦，由六根爻构成。这一卦中的爻所指示的全是阳爻，象征着天，乾卦的卦辞只有"元，亨，利，贞"四个字。这些字眼原来在古代社会中是属于祭祀用语，但是后来随着社会发展，这些用语也逐渐不再为专门人员所掌握而平常化，所以在这里这四个字又分别表示善、美、利物和贞正四个观念。这一爻辞的选择与排列是有一定深意的，分别描绘龙在不同时间、不同地点中不同的状态，所以以下的几个爻辞都是以龙而起。

　　"初九"是指位于最下面的一根阳爻，所以卦辞是"潜龙，勿用"，意思是说君子还未被任用，其才能还没有发挥，或是说受到压制，还处于极端困难的境地，最好不要锋芒毕露，轻举妄动。

　　"九二"是倒数第二根阳爻，爻辞中"见龙在田"，这个时候说明君子已经开始有所作为，不再"潜"，会受到一定的重用，担当一定的职务，"利见大人"，这时候就应该发挥自己的才干，为社会做贡献。

　　"九三"是倒数第三根阳爻，"君子终日乾乾，夕惕若厉，无咎"是它的卦辞，这一根爻既不处于下三爻的中外位又不处于上三爻的中外位，是比较尴尬的位置，也是处于危险的位置，字面上的解释是要求君子白天要辛勤劳作，晚上则要有所警惕，有良好的忧患意识，争取无灾无危险。

上九：亢龙，有悔。
九五：飞龙在天，利见大人。
九四：或跃在渊，无咎。
九三：君子终日乾乾，夕惕若厉，无咎。
九二：见龙在田，利见大人。
初九：潜龙，勿用。

乾卦

"九四"是倒数第四根阳爻，属于上三爻，卦辞"或跃在渊，无咎"，君子地位未定，就如龙一样：一会儿是跃动的，一会儿也许会停于深潭底。本卦又是上卦的最下一位，所以暗示君子也许正处于一个复杂的境地，"无咎"是说没有大的灾难。

　　"九五"，上三卦中二卦，阳势大盛，爻辞是"飞龙在天，利见大人"，君子也如卦上说的要上天，身处高位，成就大事业，作为不小。

　　"上九"是最上面的阳爻，"亢龙，有悔"身处高位就要有自知之明，锋芒也应有所收敛，如果这个时候依然得意而忘形，那么物极必反，就会落得个失败的下场。

　　"用九"通指全部的六根阳爻，"见群龙无首，吉"，君子要在最危急的时候站出来，而且要以德服人，这样才是真正的"首"。

　　龙的这几种状态的比喻，实际上是理想人格的体现，本卦也是全书的一个总括，龙代表天，它的变化也是天地万物的自然生长变化过程，隐喻了人类行事也是按此自然规律在发展的。

䷁ 坤卦

　　坤：元，亨。利牝（pìn）马之贞。君子有攸（yōu）往，先迷；后得主，利。西南得朋，东北丧朋。安贞吉。

　　《彖》曰：至哉坤元，万物资生，乃顺承天。坤厚载物，德合无疆。含弘光大，品物咸亨。牝马地类，行地无疆，柔顺利贞。君子攸行，先迷失道，后顺得常。"西南得朋"，乃与类行。"东北丧朋"，乃终有庆。"安贞"之吉，应地无疆。

　　《象》曰：地势坤。君子以厚德载物。

　　初六：履霜，坚冰至。

《象》曰："履霜坚冰"，阴始凝也，驯致其道，至坚冰也。

六二，直方大，不习无不利。

《象》曰：六二之动，直以方也。"不习无不利"，地道光也。

六三，含章可贞，或从王事，无成有终。

《象》曰"含章可贞"，以时发也。"或从王事"，知光大也。

六四，括囊，无咎无誉。

《象》曰："括囊无咎"，慎不害也。

六五，黄裳，元吉。

《象》曰："黄裳元吉"，文在中也。

上六，龙战于野，其血玄黄。

《象》曰："龙战于野"，其道穷也。

用六，利永贞。

《象》曰：用六"永贞"，以大终也。

上六：龙战于野，其血玄黄。

六五：黄裳，元吉。

六四：括囊，无咎无誉。

六三：含章可贞，或从王事，无成有终。

六二：直方大，不习无不利。

初六：履霜，坚冰至。

坤卦

坤卦与乾卦是相对立的卦象，如果乾卦代表天，那么坤卦就是地的象征。同时坤卦也是一种阴柔的状态，在卦辞中出现了"牝马"，以雌马为隐喻，来讲述处下之道。

"初六"为最下面的第一根阴爻，"履霜"以霜透出阴之气，因此处下之道首先是要有冷静的意识，不存有侥幸心理。

"六二"为下起第二根爻，爻辞说的"直方"就是正直与方正，本卦实际上是在告诉我们，当我们处于"不习"的环境中时，只要能够坚持为人正直和品行方正就不会使我们陷入不利的情境之中。

"六三"这一卦的爻辞中说到了"含章"，隐喻有才能但不急于表现。很多学者认为"章"是指美丽的色彩和多样的花纹，本卦中多次提到了颜色，这就是本卦色彩描写的开始，颜色也是阴柔的体现。本爻实际上是想告诉我们处于下位与劣势当中的人即使磨炼出了一定的才能也不要自得。"含"就是暗喻内里。

"六四"中"括囊"表面意思是说要扎紧自己的口袋，实际上还是说到内里，也是在比喻人应该要守口如瓶，不要随意透露自己的信息，让对手抓住自己的短处，防止祸从口出。

"六五"中的"裳"呼应前面所说的内里，"黄"更是暗喻吉祥的颜色，所以到了此卦，位置是处于整个坤卦的上三卦的第二卦，所以"元吉"。

"上六"是坤卦中的最上一根阴爻，与乾卦一样，阴盛到了极点，也会物极必反，阴阳就要决战，双方都会有所损失，但力量也随之开始变化。本卦虽说讲到了战斗，但是对于战斗的描写是很唯美的，"战于野，血玄黄"，既有广阔的场景又有鲜艳的色彩。从最开始的极寒到这一卦的热血奋战，让人不禁感叹世间的变化。

本卦是地象，与乾卦的天相应，也是天地相和，阴阳相反，对立统一，体现了中国的传统思维方式，对后世影响很深。

䷂ 屯卦

屯：元亨，利贞。勿用有攸往。利建侯。

《彖》曰：屯，刚柔始交而难生。动乎险中，大亨贞。雷雨之动满盈，天造草昧。宜建侯而不宁。

《象》曰：云雷，屯。君子以经纶。

初九，磐桓，利居贞，利建侯。

《象》曰：虽磐桓，志行正也。以贵下贱，大得民也。

六二，屯如邅zhān如，乘马班pán如。匪寇婚媾gòu。女子贞不字，十年乃字。

《象》曰：六二之难，乘刚也。十年乃字，反常也。

六三，即鹿无虞，唯入于林中，君子几，不如舍，往吝。

《象》曰："即鹿无虞"，以从禽也。君子舍之，往吝穷也。

六四，乘马班如，求婚媾。往吉，无不利。

《象》曰：求而往，明也。

九五，屯其膏，小，贞吉；大，贞凶。

《象》曰："屯其膏"，施未光也。

上六，乘马班如，泣血涟如。

《象》曰："泣血涟如"，何可长也？

赏析

《周易》的第一卦乾卦象征天，第二卦坤卦象征地，而屯卦作为第三卦，则象征"天造草昧"、万物产生时的种种艰难，也就是人类的远祖披荆斩棘、筚路上六：乘马班如，泣血涟如。

九五：屯其膏，小，贞吉；大，贞凶。

六四：乘马班如，求婚媾，往吉，无不利。

六三：即鹿无虞，惟入于林中，君子几，不如舍，往吝。

六二：屯如邅如，乘马班如。匪寇婚媾。女子贞不字，十年乃字。

初九：磐桓，利居贞，利建侯。

屯卦

蓝缕改变生活环境并创造文明时的困苦。

如果说在乾、坤两卦中，作者是确立了《周易》的总纲，那么到了屯卦，作者就已经开始考察人们的生存环境和必须面对的现实世界。"屯"的意义是难、困难、艰难。推而广之，就是人们在大自然中求生存、求发展的过程所必须面对的种种艰辛。"勿用有攸往"是出门难，"匪寇婚媾"是婚姻难，"十年乃字"是生育难，"即鹿无虞"是打猎难。当然，《周易》把屯卦的意义规定为难，并非只是对生活经验的一般总结，而是出于其宇宙观和本体论。从屯卦我们可以看出，作者认为世界运动、变化的动力来自阴阳两种力量之间的互相作用、互相斗争，世间万事万物的生长、发育、发展和灭亡，都是阴阳两种力量消长转换的过程。尤其是在"天造草昧"的万物初生阶段，阳气微弱，虽然它蕴藏着强大的生命潜力，但是不可避免地受到来自各方面的重重压制，因此在成长过程中必然遭遇种种艰难和激烈冲突。象辞"动乎险中"所描绘的"雷雨之动满盈"正是这样一种象征。

在直面这些艰难困苦的时候，《周易》不悲天悯人，也不渲染"苦海无边"，以引导人们出世；更不是回避矛盾，逃避斗争。相反，它认为两种力量的交战、激烈的冲突所造成的难并不完全是负面的消极因素，而是在难中蕴藏着一种生机。卦辞"利建侯"、象辞"天造草昧，宜建侯而不宁"、象传中的"云雷屯。君子以经纶"等言语，都明确而充分地揭示了这种意义。这使得屯卦中体现出了一种奋斗者的积极姿态，困难的时刻被看作大显身手的机会，险恶的情境也被视为建功立业的场所。人们从这些文字看到，虽然困难重重，前路迷茫，但是具有理想人格的君子却依然胸怀壮志，为安邦定国、济世救民而奋斗不已。

除此之外，《易传》中的《文言传》《系辞》《序卦传》《杂卦传》等也都对易经做了解释性的说明。如《文言传》主要是对《易经》里乾坤两卦的内涵大意进行了深刻的分析。它的中心思想论及了儒家伟大的处世哲学，要求个人要有"进德修业"的人生理想，人格上要"刚健中正"，为人要"刚柔并进"。

《系辞》有上下两篇，是对《易经》卦象和爻辞的原理意蕴、八卦的起源、观物取象的方法及卜筮的原理进行的总结性、全面性的解释与发挥，对于理解八卦要义有很大的作用，具有极高的哲学性质，是研究解读《易经》的一把钥匙。

六十四卦的排列原则是以它们的卦象也就是每卦开头部分的那个符号的联系为主，以各卦内容意义之间的联系为基准。《序卦传》就是对《易经》中的六十四卦的排列顺序做了一番解释。

《杂卦传》的好处是用一两个字就能概括出每一卦的主旨与特点，而且并没有按照六十四卦的基本排列顺序来描述每卦，所以称之为"杂"。但是，如果仔细观察又不难发现，《杂卦传》与《序卦传》不同，它常常是两卦结合在一起，并且这两卦的卦意是相对立的，有时甚至是没有根据《易经》本来的卦意，而用自己的方式来阐述自己的观点。

《杂卦传》一章可以说是一篇精彩的哲学论文，与《序卦传》一样都是对于以前六十四卦的思想总结。在整部《易经》当中，这两个篇章的理论性与哲理性都强过其他的卦，所以说要想真正抓住《易经》的中心与处世的方法论就得从这两卦开始。

上古神话传说

上古神话传说是指远古时期的神话故事，涵盖了中国古代文化中的各种神话和传说，反映了人们对世界、生命和神秘力量的思考和想象。

盘古开天

很久很久以前，天地还未分开。在宇宙混沌中，有个叫盘古的巨人，用斧子劈开了宇宙。只听"啪"的一声巨响，天地分开了，盘古立足于中间，支撑起天空，使天地稳定下来。在他死后，他的身体各个部分化为万物，形成了世界上的山川河流、草木花果等。

燧人取火

很早以前人们吃的东西都是生的，直到燧人氏发明了钻木取火的方法，人们才学会用火来烧东西吃，并学会了使用火去照明、取暖和烹饪食物。火的出现，彻底改变了人类的生活。

神农氏尝百草

当时的人们生了病都不知道该怎么办，于是神农氏亲尝百草，发现了用草药治病的办法。现存最早的中药学著作《神农本草经》传说就是神农氏首创的。

女娲造人

天地开辟后，日月星辰、山川草木、鸟兽虫鱼都有了，却唯独没有人。上古天神女娲就照自己的样子用黄土和水造出了一个个小泥人。从此，大地上便有了人类。她教导人类学习各种技艺，使人类得以繁衍生息并发展起来。

伏羲画卦

远古时期，人们的思想还未开化，对大自然知之甚少。有个叫伏羲的部落首领常思考天地奥秘。一天，他看到了龙马飞腾的景象，终于领悟世间万物运转的奥秘，他将其总结为八卦阵，帮助人们认识自然。

仓颉造字

以前的人们使用结绳记事，能记录的事情十分有限。后来，黄帝的史官仓颉受到龟背纹理、星宿轨迹、鸟兽爪痕的启发，创造出文字，提高了人们记事的能力。

乐官伶伦

相传黄帝命乐官伶伦作音律，伶伦根据凤凰的鸣叫，利用竹管定了十二律。然后他又定出五音，分别为宫、商、角、徵、羽。

嫘祖养蚕缫丝

嫘祖是黄帝的妻子，传说她发明了种桑养蚕的技术，又教会人们养蚕、织丝和制衣，人们的生活变得更好了。这个故事既体现了中国古代人民勤劳智慧的精神，也展示了中国丝绸文化的深厚底蕴。

共工怒触不周山

传说水神共工与颛顼为夺帝位进行了惊天动地的大战。共工失败后发怒，用头撞不周山（天柱），使得天倾斜、地塌陷，日月星辰移动，河水开始朝东南方向流去。

后羿射日

一天，十个太阳一起出现在天上。庄稼草木都被烧焦了，人们没有了吃的，怪兽也趁乱跑出来祸害人间。后羿为了天下众生把九个太阳都射了下来，而留下的那个现在就挂在天上。

尧与禅让制

部落首领尧老后，开始为部落选择新的首领。他知道儿子丹朱顽皮，不能担此大任，便把帝位让给了贤能的舜，还把女儿娥皇、女英嫁给舜。

大禹治水

人间洪水滔天，给百姓造成了很大的威胁，为了解救百姓，大禹奉舜的命令去治水，一治就是十三年。为治水，他三次路过家门都没有进去。大禹治水成功后，舜决定让大禹成为他的接班人。大禹也成了第一个王朝——夏的君主。

远古诗歌的意象之美

3000 多年前的周朝，地域辽阔，交通不便，统治阶层无法及时听取老百姓的意见，于是设立专门的机构，让**采诗官**去到各地记录老百姓的生活言行。采诗官大多饱读诗书，擅长写诗，随身携带一个木铎^(duó)，也就是铃铛。每到一地，采诗官就摇摇手里的铃铛，男女老少便聚集到采诗官的身边，开始讲述他们的所见所闻所感。

孩童诉说和玩伴的趣事，青年男女讲述自己的情事心事，壮年夫妇谈论春耕秋收，老年人则回忆自己的人生往事。无论好坏，都被采诗官一一记录在册，编成诗，谱以曲，成为口口相传的诗歌。所以统治者才能**"不出牖户，尽知天下所苦，不下堂而知四方。"**《诗经》中大部分的诗歌，也多来源于此。

《诗经》是中国第一部诗歌总集，共收入西周初年至春秋中叶大约 500 年间的 305 篇诗歌。产生之初，人们称它为"诗"或"诗三百"。到了战国时期，它被儒家奉为经典，称为《诗经》。《诗经》在中国诗歌史上最早关注现实生活，抒发对现实生活的真实情感，开启了中国诗歌的现实主义传统，和《楚辞》并称为中华民族文学两大渊源。

成书背景

　　《诗经》产生的时间是从西周初年到春秋中叶，最后编定成书大概在公元前6世纪。地域大约包括了现在的陕西、山西、河南、河北、山东及湖北一带。作者包括了平民百姓到贵族大夫，其中大多已经不可考。诗歌时间跨度极大，地域范围极广，作者身份极复杂，显然是经过了有目的的收集才最后整理成书的。

　　对于这些诗歌的来源，有"献诗说""采诗说"几种说法，大致反映了《诗经》作者的来源和编定的基本情况。可以说，《诗经》包括了从各地采集来的民间之诗、公卿列士所献之诗，以及周王朝的乐官保存下来的宗教和宴飨中的乐歌等。汉代学者认为，《诗经》的成书经过了孔子的删定，但事实上，早在孔子生活的时期，就已经有了与现在的《诗经》比较接近的"诗三百篇"的存在。

内容简介

　　《诗经》共分风、雅、颂三大部分。其中风包括十五国风，共有160篇。雅分"大雅"和"小雅"，共105篇。颂分为"周颂""鲁颂"和"商颂"，共40篇。风、雅、颂的分法得名于音乐。"风"的意思就是声调，是各地的乐歌。所谓的秦风、魏风、郑风等，就是用秦地、魏地、郑地等地区的地方调演奏的乐歌，如我们现在所说的陕西调、山西调、河南调。"雅"是用西周京畿地区的乐调，表现王朝正统内容的乐歌，通常都是在贵族宴会或朝廷中演奏。"雅"是正的意思，其主旨是"王政之所由废兴"，是歌中的正统，因此周代人把正声叫作雅乐。雅分大小，以政事大小作为区分。颂，是用于宗庙祭祀的舞曲乐歌。

在创作手法上，赋、比、兴的运用既是《诗经》的艺术特点，也开启了中国古代诗歌创作的基本模式。赋，就是指铺陈直叙，诗人把自己的思想情感和有关事物的描述直接表达出来。比，就是打比方，借一物来叙述代表另一物，即我们当今所说的比喻。兴，就是触物有感而发，客观事物引起了诗人的创作灵感，所以大多出现在诗的开头。其中，赋可以说是三者的基础，比、兴都是为其服务的。在《诗经》中，经常是三者同时应用，使诗歌具有极强的表现力，对后世的文学创作具有极其深远的影响。

在上古时期的中国，祭祀是一个国家的头等大事，赞颂神灵、祖先，祈福禳灾的祭歌非常流行。《诗经》的"周颂""商颂""鲁颂"和"大雅"就保存了大量这样的祭祀诗。这些诗或叙述部族发生、发展的历史，或宣扬周王配天的美德和盖世武功，祭慰祖先祈求对子孙的保护。除了文学方面的价值之外，这些作品也有一定的历史价值供后人考证，如《生民》《公刘》《绵》《皇矣》《大明》五篇，赞颂了周的始祖后稷、公刘、太王、文王和武王的业绩，反映了西周开国的历史。在这五部诗篇中，周部族从产生到强大到灭商，体现了周人征服大自然，原始公社向奴隶制国家转变，以及周的政治、宗教、道德思想观念。

《诗经》中的作品广泛而深刻地反映了殷周时期，尤其是西周初年至春秋中叶的社会政治、经济、文化、军事、人情世故、民风习俗等方方面面的状况。宋代郑樵曾言："风土之音曰'风'，朝廷之音曰'雅'，宗庙之音曰'颂'。"然而，这只是就大致而言，其实风土、朝廷、宗庙之事都夹杂在了这三者当中，所以，根据《诗经》内容来分类，可将其分为祭祀、农事、宴飨、怨刺、战争徭役、婚姻爱情等几大方面。

春秋时期，《诗经》的不少篇章已经广为流传。它们作为外交辞令，在当时各国政要纵横捭阖的外交场合起着至关重要的作用。它们也作为育人格言，成为中国古代文化传统的重要组成部分，影响中国长达两千年。中国历来是一个农业大国，农业的产生与发展被记录进了《诗经》。其中的《臣工》《噫嘻》《丰年》《载芟》《良耜》五篇作品，是春夏祈谷、秋冬报成的祭歌，再现了西周规模宏大的农业生产，也反映了农家的生活状态，富有历史真实感和鲜活的生活气息。

所谓宴飨诗是以描述君臣、亲朋好友欢宴聚会时的情景为主要内容的诗歌，这些诗歌可以说是当时上层社会欢乐与和谐生活的基本写照。周朝是一个重农业、重宗族关系的奴隶制王朝，宗族之间有着千丝万缕的关系，统治者利用这种关系来加强统治。宴飨不是单纯地为了享乐，而是有着政治上的目的，强调宗法之道、亲亲之义，才是这些宴飨诗的主要用意。宴飨诗赞美守礼有序、宾主融洽的关系，如《小雅·鹿鸣》；对纵酒失德、破坏礼节的行为则大加谴责，如《鄘风·相鼠》。这是周朝礼乐文化的一个突出表现。

如果说产生于西周初期的宴飨诗是周初社会繁荣、社会关系融洽的一种体现的话，那么怨刺诗则是对于西周末期社会动荡、周王室权势衰落、政治黑暗的一种呈现。怨刺诗多反映时政混乱，讽刺黑暗社会，主要保存于"二雅"和国风当中，如大雅中的《民劳》《桑柔》，小雅中的《节南山》《巷伯》等反映的就是厉王、幽王时期的苛捐重税、民不聊生的现实生活，《魏风·伐檀》《魏风·硕鼠》讽刺统治者不劳而获、贪得无厌的丑态，《陈风·株林》反映统治阶级的腐败生活，都夹带着对当时社会黑暗的强烈不满与怨恨。通过对诗歌内容的分析，不难发现，这些怨刺诗的作者应该是属于社会地位相对较低而受压迫，或处于统治阶级但抑郁不得志而担心国家命运的阶层。这些怨刺诗，风格质朴，形象鲜明，既有低沉的哀告、痛苦的呻吟，也有高亢的不平之音，充满了强烈的反抗色彩，对后世的诗人有着极其深远的影响。

《诗经》中关于战争与徭役的诗可分为两大类型：第一类是歌颂战争领导者，对战争表现出强烈的自豪感和乐观精神。比如，大雅中的《江汉》《常武》，小雅中的《出车》《六月》等，大多反映宣王时的伟大武功与战绩。第二类表现出对战争的厌倦和对和平生活的向往，流露出一种忧伤的情绪。最具代表性的有《采薇》，表现对敌人的痛恨和自己的思乡之情，《豳风·东山》反映的是士兵的厌战情绪，《卫风·伯兮》写一位妇人由于思念远征的丈夫而痛苦不堪的情景。

《诗经》中关于爱情与婚姻的诗比重比较大，而且内容也较为丰富，比如男女间的思慕、家庭生活的和谐，以及家庭生活给妇女带来的痛苦等。如《卫风·氓》中的女主人公对爱情的追求，对心上人的思念，对被弃后的愤怒和控诉，都显得真实动人，数千年来，一直打动着我们的心灵。如《溱洧》里面的男女主人公对话，虽然不多，但寥寥几句，便把男女之间的温情脉脉勾勒无遗。再如《柏舟》《谷风》等，都从不同角度塑造了爱情追求者的不同形象。因为周代是一个宗法社会，特别重视血缘及婚姻家族关系，所以婚姻已不仅仅是男女两人间的事情，还关系到了家族势力的范围，所以在《诗经》中第一首就是《周南·关雎》，论及婚姻与家庭的作品占的比例比较大也就不足为奇了。

总的来说，《诗经》305篇作品中所包括的内容远不止于此，还有故国之思、爱国之情等，可以说《诗经》是中国最早的现实生活的写照，奠定了中国诗歌面向现实主义的广阔基础，无论从哪个方面来探究《诗经》，它都是中国诗歌的鼻祖。

名篇选读

关雎

关关雎鸠，在河之洲。
窈窕淑女，君子好逑。

参差荇菜，左右流之。
窈窕淑女，寤寐求之。

求之不得，寤寐思服。

> **语文课堂**
> 关关：象声词，雌雄鸟类相互应和的叫声。
>
> 雎鸠：一般认为是鱼鹰类水鸟，传说它们雌雄形影不离，比喻男女之恋。
>
> 好逑：好的配偶。后比喻男子追求女子。

语文课堂
荇菜：一种水草。叶呈圆形，浮在水面，根生水底，可供食用。

悠哉悠哉，辗转反侧。

参差荇菜，左右采之。

窈窕淑女，琴瑟友之。

参差荇菜，左右芼(mào)之。

窈窕淑女，钟鼓乐之。

赏析

《关雎》位列《诗经·周南》第一篇，也是《诗经》305篇之首，它在古代人心中的地位之高可见一斑。

这首诗是一首结婚典礼上的贺婚乐歌，是站在贺婚人的角度赞美这段美好的姻缘的。它所写的爱情，不是青年男女之间短暂的邂逅、一时的激情，而是更为注重家庭、要求家庭和谐的夫妻间的"恩情"，是一开始就有明确的婚姻目的，最终要步入婚姻殿堂的感情。诗中把男女主人公称为"君子"与"淑女"，有着鲜明的情感指向，表明了一种外在与内涵的结合。能称之为君了，必然是德行高尚，而"窈窕淑女"，则是对于当时闺阁中待嫁女子的极高评价，"窈窕"形容体态的美妙，"淑女"赞扬品行的端庄。"君子"与"淑女"的结合，代表了一种理想的婚姻形式，也表现了当时周王朝对于夫妻家庭形式的最高要求。这样的特点，使得《关雎》被当作中国古代表现夫妇之德的典范。

受时代背景的限制，诗中对于恋爱行为的描述有着显而易见的节制。"君子"在与"淑女"的恋爱过程中，并没有直接的见面接触，"君子"思念"淑女"的时候都是发乎情而止于礼的，"淑女"对"君子"的相思，也只是独自在那里"辗转反侧"。这样一种恋爱，在当时人们的眼中，是纯洁而又拥有深厚的感情基础的，对于读者所产生的感动，也如涓涓细流一样，平缓温暖而又绵绵不断。而后的儒家学者们更是从中看到了某些符合他们学说思想的内容，因此把它奉为了男女间交往的典范教材，《毛诗序》更是把它推许为可以"风天下而正夫妇"的道德教材。

　　由于《关雎》既承认男女之爱的合理性，又要求对这种感情加以克制，使其与整个社会所需要的美德相适应，因此，在漫长的封建社会中，统治阶级往往各取所需的一端，加以引申发挥，来配合自己的现实需求。反抗封建礼教压迫的人们，也常打着《关雎》的旗帜，来呼吁个人情感的权利，譬如汤显祖笔下的杜丽娘，在她被锁深闺、为怀春之情而痛苦时，就从《关雎》中为自己的人生梦想找出了理由。

氓

　　氓之蚩蚩，抱布贸丝。匪来贸丝，来即我谋。送子涉淇，至于顿丘。匪我愆期，子无良媒。将子无怒，秋以为期。

　　乘彼垝垣，以望复关。不见复关，泣涕涟涟。既见复关，载笑载言。尔卜尔筮，体无咎言。以尔车来，以我贿迁。

　　桑之未落，其叶沃若。于嗟鸠兮！无食桑葚。于嗟女兮！无与士耽。士之耽兮，犹可说也；女之耽兮，不可说也。

　　桑之落矣，其黄而陨。自我徂尔，三岁食贫。淇水汤汤，渐车帷裳。女也不爽，士贰其行。士也罔极，二三其德。

　　三岁为妇，靡室劳矣。夙兴夜寐，靡有朝矣。言既遂矣，至于暴矣。兄弟不知，咥其笑矣。静言思之，躬自悼矣。

　　"及尔偕老"，老使我怨。淇则有岸，隰则有泮。总角之宴，言笑晏晏。信誓旦旦，不思其反。反是不思，亦已焉哉！

《诗经》中除了有对于美好婚姻的赞美外，也有对于不幸婚姻给妇女带来的痛苦的描述，出自《卫风》的《氓》就是其中一篇代表作品。

《氓》是一首弃妇自诉婚姻悲剧的长诗。诗中的女主人公以"我"的语气自叹自叙，或是回忆年轻恋爱时的甜蜜，或是感慨婚后被丈夫所遗弃的痛苦，感情沉痛无比。由于诗中刻画出了一位敢爱敢恨的女子，怨恨的矛头又是直接指向男主人公对爱情和婚姻的不忠诚，触碰到了漫长的男权封建社会的痛点。自汉代儒学提倡的淡而中庸之道盛行以来，正统文人多认为诗中女子的感情表述太过直白，许多学者把此诗归类为"刺淫奔"之作，南宋大儒朱熹甚至说："此淫妇为人所弃，而自叙其事以道其悔恨之意也。"

诗的一、二章具体描写女主人公与丈夫从相识相恋到走进婚姻殿堂的过程。"匪来贸丝，来即我谋"说明女主人公是一名桑女，在一次集市上认识了她未来的丈夫。"匪我愆期，子无良媒"说明女主人公期待爱情，但又是一个遵从礼法的好姑娘。"乘彼垝垣，以望复关""不见复关，泣涕涟涟"说明了女主人公对男子的感情之深。这两章叙事平缓，把女主人公的单纯与男主人公的狡猾都分别刻画得栩栩如生，为未来生活的不幸做好了铺垫。

三、四章从桑叶的季节变化，展现了女主人公逐渐衰老的过程，也暗示着男主人公对妻子由喜欢到遗弃的感情变化。"桑之未落，其叶沃若"，以桑叶的青润有光，比喻女主人公的年轻靓丽容颜；"桑之落矣，其黄而陨"，以桑叶的枯黄零落，比喻女主人公的年长憔悴容貌；"于嗟鸠兮！无食桑葚。于嗟女兮！无与士耽"是说桑葚是甜的，鸠吃多了就容易醉倒，以此来比喻爱情对于女人来说是美好的，女子一旦坠入爱河，便无法自拔而且容易上当受骗无法挣离。通过这样的比喻，诗人把封建社会女人对于爱情的无奈和父权社会对女性的压迫表现了出来。

第五章叙述被弃的前后，她每日辛勤劳作，但只要在言语上稍不遂丈夫的意，便要遭受丈夫的暴虐。第六章兼用赋比兴的手法，表达自己的愤慨。"及尔偕老"回忆当初他们相恋时的甜蜜，"老使我怨"则反映了婚后心态的变化，

"淇则有岸，隰则有泮"用浩浩汤汤的淇水和广阔连绵的沼泽都有边界，来反衬自己无边无际的痛苦，强烈地抒发了一腔怨愤。"反是不思，亦已焉哉"表达了自己的决心：放弃这个男人，追求真正的美好生活。

蒹葭

蒹葭苍苍，白露为霜。所谓伊人，在水一方。
溯洄从之，道阻且长。溯游从之，宛在水中央。
蒹葭凄凄，白露未晞(xī)。所谓伊人，在水之湄(méi)。
溯洄从之，道阻且跻(jī)。溯游从之，宛在水中坻(chí)。
蒹葭采采，白露未已。所谓伊人，在水之涘(sì)。
溯洄从之，道阻且右。溯游从之，宛在水中沚(zhǐ)。

语文课堂

溯洄从之：沿着河流去上游寻找她。

湄：水和草交接之处，指岸边。

坻：水中的小洲或高地。

涘：水边。

沚：水中的小块陆地。

赏析

本篇出自《诗经·秦风》，即秦地的诗，曾被古代的学者认为是用来讥讽秦襄公不能用周礼来巩固他的国家，或惋惜招引隐居的贤士而不可得。但跟《诗经》中多数诗内容较具体实在不同，本诗并没有具体的事件与场景，甚至连"伊人"的性别、身份都难以确指，现代大多数学者都把它看作一首怀人的情诗。

诗中"白露为霜""白露未晞""白露未已"直接道出了天气已是深秋，而苇叶上的露水经过渐凉的秋夜已凝成了细碎的霜花，天刚刚破晓。秋天本已是一个让人感伤、怀想的季节，更何况是在这样的夜晚寒意尚未完全退去的深秋凌晨，诗人独自来到河边，为的是追寻那踪影全无的心上人，眼前出现的却只有一望无际的茫茫芦苇丛。水是一种自然的阻隔，霜是一种心灵的阻断，使诗人似乎永远也达不到对岸，寻不到心中人。清澈而略带寒意的"秋水"，把诗人的热切思念带向了遥远的对岸，使"伊人"长久地停留在"道阻且长"的地方。从上下文看，诗人根本就不知道心上人所处的位置，水边不过是他偶然来到但又恰恰最符合他心境的地方。也许伊人就像曹植笔下"朝游江北岸，夕宿潇湘沚"的"南国佳人"一样悠远无定，这使得诗中充满了一种既有诱惑又略带着绝望的思念。"溯洄""溯游"既是"秋水"的流动方向，又包含着主人公随水的方向不断找寻的动作，人与自然、动与静的结合恰到好处。"宛在水中央"虽然说是最后找到了心上人的踪影，但实际上在水中央还是无法靠近，很是无奈，惆怅之情跃然纸上。

《蒹葭》所反映出的这种空幻和虚泛给后人的阐释带来了麻烦，但无疑也因而扩展了其内涵的包容空间。诗中所写的物象，不只是被诗人拿来单纯地歌咏，其中更蕴含着某些象征的意味。"在水一方"为企慕的象征，"溯洄""溯游""道阻且长""宛在水中央"是反复追寻与追寻的艰难和渺茫的象征。诗人上下求索，"伊人"虽隐约可见却依然遥不可及，这种深刻的人生体验成为后世诗人笔下经常出现的主题。"蒹葭之思""蒹葭伊人"成为旧时书信中怀人的套语，曹植的《洛神赋》、李商隐的《无题》等，也都是对《蒹葭》的回应。

鹿鸣

呦呦鹿鸣，食野之苹。我有嘉宾，鼓瑟吹笙。吹笙鼓簧，承筐是将。人之好我，示我周行。

呦呦鹿鸣，食野之蒿。我有嘉宾，德音孔昭。视民不恌(tiāo)，君子是则是效。我有旨酒，嘉宾式燕以敖。

呦呦鹿鸣，食野之芩(qín)。我有嘉宾，鼓瑟鼓琴。鼓瑟鼓琴，和乐且湛(dān)。我有旨酒，以燕乐嘉宾之心。

赏析

《鹿鸣》出自《小雅》，是《诗经》中宴飨诗的代表作。所谓宴飨诗，主要是以君臣或是亲朋好友欢聚宴会为内容的诗，也可以说是当时社会生活的一个真实写照。

南宋朱熹在其所著《诗集传》中称《鹿鸣》"岂本为燕群臣嘉宾而作，其后乃推而用之乡人也与"。也就是说，这首诗刚开始是国君宴请群臣时在宴会上所唱，后来也被贵族所运用而逐渐推广于民间，即使是在乡间的宴会上也被乡人所传唱，此诗被运用之广泛以及对后世的影响可见一斑，可考证的一个明显例子就是东汉末年曹操所作的《短歌行》，引用了此诗第一章的前四句"呦呦鹿鸣，食野之苹。我有嘉宾，鼓瑟吹笙"来表达他求贤若渴的愿望。

全诗共三章，皆以鹿鸣开头起兴，麋鹿在旷野之上悠闲地吃着野草，呦呦的鸣叫声此起彼伏，给人感觉和谐而又轻松，在君主宴请大臣这种有些紧张和拘束氛围的宴会上，起到了一种缓和情绪而又营造气氛的作用。

在等级制度森严的封建社会里，君主要拉近与大臣间的关系，宴会是最好的手段，协调气氛的方法更是不可缺少。诗的第一章写在热烈欢快的宴会鼓乐中有人"承筐是将"，即呈献上竹筐里的礼物，酒宴上献礼馈赠的古风，即使到了今天，此等阵势在比较正式的大宴会上仍可见到。

然后主人向嘉宾致辞："人之好我，示我周行。"就像今天宴会上主人所说的"承蒙各位光临，这是我莫大的荣幸"的客气话。如果站在君主的角度上来说是表示愿意听取群臣的建议，而在一般的宴会中就会有不同的意义了。

诗的第二章，则由主人进一步发表祝词："我有嘉宾，德音孔昭。视民不恌，君子是则是效。"强调了嘉宾的德音，并号召天下的君子效仿。

为什么在祝酒之际要说出这样的话？这里隐含着深意，一方面在于向普通的百姓提倡一种为统治阶级所认可的道德观、价值观，另一方面则是君主要求臣下清正廉明，以矫正浇薄的民风。这样一来，宴会就不只是为乐而已，而是带有明确的政治意图。

第三章大部分都与第一章重复，只是在最后几句将欢乐气氛推向高潮。末句"燕乐嘉宾之心"卒章显志，进一步深化诗歌的主题。

也就是说，这次宴会并不是为了满足口腹的享受，而是为了使与会的群臣心悦诚服，自觉自愿地为稳固君王的统治效力。

礼记

礼记

大同小康的历史渊源

春秋时期，齐国饥荒，贵族黔敖在路边准备了饭食，供过往的人食用。有个饥饿的人用衣袖蒙着脸，拖着沉重的脚步，两眼无神地走过来。黔敖左手端着食物，右手端着汤，冲他喊："喂！来吃吧！"饥民抬起头瞪着他说："我正是因为不接受别人施舍的食物，才落得如此地步！"黔敖见状上前跟他道歉，但饥民最终还是因为不吃而饿死了。

曾子听到这件事后说，"因为无礼的呼唤拒绝食物可以理解，但是道歉后，就可以接受了呀。"这篇文章出自《礼记·檀弓》，后来，**"不食嗟来之食"**就成了中国传统文化中象征气节的词语，又如"人穷志不短""宁为玉碎不为瓦全"等，《檀弓》同《礼记》中的其他篇章一样，构成了儒家文化中关于"礼"的价值阐释。

《礼记》是战国至秦汉年间儒家学者解释说明"周礼"的文章选集，是一部儒家关于"礼"的思想的资料汇编。它的作者不止一个，写作的时间也有先后顺序，其中多数篇章可能是孔子的七十二弟子及其学生们的作品，还吸收了先秦其他典籍中的一些思想内容。在汉代，学者们把孔子定的典籍称为"经"，他的弟子对"经"的解说称为"传"或"记"，《礼记》因此得名。

　　据传，《礼记》一书是由西汉礼学家戴德和他的侄子戴圣编定的。戴德选编的85篇的版本叫《大戴礼记》，在后来的流传过程中不断流失，到唐代时，只剩下了39篇。戴圣选编的49篇的版本叫《小戴礼记》，也就是我们今天见到的《礼记》。这两种书侧重点不相同，各有自己的特色。东汉末年，著名儒学大师郑玄为《小戴礼记》做了出色的注解，使这个本子后来盛行不衰，乃至由解说经文的著作一步步成为儒家经典，到唐代被列为"九经"之一，到宋代被列入"十三经"之中，成为士人必读之书。

　　《礼记》是对"周礼"的解释，因而它保存了大量的上古三代的文化内容。由于它的成书经历了战国直至西汉中叶的漫长时期，儒、道、法、阴阳等各家都表现出要综合百家学术的倾向，《礼记》也不可避免地打上了这种印记。它从"礼"的角度出发，融汇了各家思想，如对天道的论述吸取了道家思想，大同理想社会受到墨家主张博爱的影响，以阴阳五行家的学说解释各种礼制的含义等，是一部内容极其丰富的儒家经典。

内容简介

《礼记》的内容主要是记载和论述先秦的礼制、礼仪，解释古代仪礼的内涵，记录孔子及其弟子的问答，讲述修身做人的准则等。实际上，这部九万字左右的著作几乎是包罗万象的，它涉及政治、法律、道德、哲学、历史、祭祀、文艺、日常生活、历法、地理等社会形态的诸多方面，集中体现了先秦儒家的政治、哲学和伦理思想，是研究先秦社会的重要资料。

从政治领域的角度来看，《礼记》中规定了大量关于宗庙、分封、职官、行政机构、学校等方面的制度，为两千年的封建社会所奉行，虽然后世的形式和名称多次改变，但在实质上都是一致的，如在唐代形成并沿用到明清的三省六部制，与《礼记》中所提到的司徒、司寇、司空等官员的职责一脉相承。后世的太学、国子监等，也与《礼记》中的大学基本相同。

《礼记》对中国传统的学术思想领域影响更为重大。它的出现虽然比其他儒家经典晚，而且在郑玄之前没有人重视它，但随着历史的发展，《礼记》在学术上的地位却呈现出越来越重要的趋向，因为它代表了儒家礼治主义的政治主张和社会理想。在这种以"礼"而治的社会中，国君仁慈，抚爱百姓万民，臣子尽忠，恪守其职，国家的一切制度和措施都井井有条，从上到下等级森严而又相互和谐融洽，是中国封建社会知识分子梦寐以求的理想境界。

《礼记》对中国封建社会产生了深远的影响。在儒家经典中，《尚书》的影响主要是在政治领域，《诗经》的影响主要是在文学领域，《周易》的影响主要是在思想哲学领域，《春秋》的影响主要是在史学领域，它们对于传统文化其他领域的影响都是间接的。而《礼记》内容博杂、包容性大，它对传统文化各领域都产生了巨大影响。

名篇选读

曲礼上（节选）

精彩译文

君主待人必须恭敬严谨，神态庄重，说话深思熟虑，这样可以让民众安定。不能滋长傲慢之心，不能让欲望放纵，意志不可以自满，不要追求极致的享乐。

精彩译文

鹦鹉能说话，但始终是飞鸟；猩猩会说话，也始终是走兽。作为人而缺乏礼，即使能说话，内心不也是跟禽兽一样吗？

精彩译文

礼崇尚有往有来。施恩于人而人不来报答，这不符合礼的要求；别人施恩惠而我不去报答，这也不符合礼的要求。

《曲礼》曰：毋不敬，俨若思，安定辞，安民哉。

敖不可长，欲不可从，志不可满，乐不可极。

临财毋苟得，临难毋苟免。很毋求胜，分毋求多。疑事毋质，直而勿有。

若夫坐如尸，立如齐。礼从宜，使从俗。

夫礼者，所以定亲疏、决嫌疑、别同异、明是非也。礼，不妄说人，不辞费。礼，不逾节，不侵侮，不好狎。修身践言，谓之善行。行修言道，礼之质也。礼，闻取于人，不闻取人。礼，闻来学，不闻往教。

道德仁义，非礼不成；教训正俗，非礼不备；分争辩讼，非礼不决；君臣上下，父子兄弟，非礼不定；宦学事师，非礼不亲；班朝治军，莅官行法，非礼威严不行；祷祠祭祀，供给鬼神，非礼不诚不庄。是以君子恭敬、撙节、退让以明礼。鹦鹉能言，不离飞鸟；猩猩能言，不离禽兽。今人而无礼，虽能言，不亦禽兽之心乎？夫唯禽兽无礼，故父子聚麀。是故圣人作，为礼以教人，使人以有礼，知自别于禽兽。

大上贵德，其次务施报。礼尚往来，往而不来，非礼也；来而不往，亦非礼也。人有礼则安，无礼则危。故曰，礼者不可不学也。夫礼者，自卑而尊人，虽负贩者，

必有尊也，而况富贵乎？富贵而知好礼，则不骄不淫；贫
贱而知好礼，则志不慑。

赏析

　　《曲礼》有上下两篇，分别是《礼记》的首篇和第二篇，两篇文章中涉及古
代社会的政治、军事、教育、宗庙、祭祀以及占卜等诸多方面的内容，是我们初
步了解古代社会基本生活状况的绝佳书面资料。而作为第一篇的《曲礼上》更是
有全书导论的作用，在它当中详细论述了古代"礼"的精神所在，以及"礼"所
要达到的目的、原则、意义与作用，从而点明了后文的纲领与灵魂。

　　"毋不敬"就是礼的精神实质。"敬"在儒学传统中并不是一种对于神的虔
诚崇拜，而是被阐述为一种精神活动，一种在真诚圣洁的意念的指引下所进行的
自我抑制、自我收敛、思想专一、自我心灵提升、自我主宰的活动，"礼"由于
有"敬"的精神作为前提，也由平凡世俗的说法上升到神圣高洁的境界中。

　　"安民哉""定亲疏、决嫌疑、别同异"这些并不是赞颂当时政治上是多
么有成就，而是指出了礼的真正的社会目的，那就是正确地处理各种身份、等级
之间的人与人的关系。当时的社会是有严格的等级制度的，所以文中以"君臣上
下，父子兄弟，非礼不定；宦学事师，非礼不亲；班朝治军，莅官行法，非礼威
严不行；祷祠祭祀，供给鬼神，非礼不诚不庄"几个排比关系的句子来说明礼的
重要性，总之是"人有礼则安，无礼则危"。

　　"礼尚往来，往而不来，非礼也""自卑而尊人"都是对于礼的原则的描
述。第一，是指在实行礼的规定时，要根据特定的时间、地点、情况，按照世俗
人情实行礼的规定，不一定要刻板地按部就班。第二，自卑之心不是要看轻自
己，而实际上是辞让之心的表现，意思是让人不要妄自尊大，也不要轻视自己，
要做到既维护自己又尊重别人。第三，相互往来要合乎礼法，也可以说礼的规定
是双向的。

　　人与禽兽是有着本质区别的，礼就是导致这两者有区别的最大的体现，礼的

真正意义就在于它是一种手段，是一种能避免人们野蛮化，使得人们走向文明化的手段。礼的作用在于礼是一种现实的行为规范，它不同于道德或是法律规定的教条和书面化，它更多的是通过仪式化、行动化，以具有象征性意义的行动来教育人们，引导人们的日常生活行为，使人们走到一种圣洁而美好的境界当中。

本篇纲领性较强，阅读《礼记》时，如果能够很好地把这篇文章的精神抓住，那就等于在接下来的理解中抓住了重点，就可以灵活掌握关于五礼的详细规定，而不会因为那些细致、烦琐、具体的规定迷失了方向。

礼运

精彩译文

大道实行的年代，天下是天下人的天下。选择贤能和有能力的人来治理国家，人与人之间言而有信，和睦相处。因此人们不只将自己的亲人看作亲人，不只将自己子女当作子女，让老年人可以颐养天年，壮年人有贡献的地方，年幼的人可以接受好的教育，使年老无偶、年幼无父、年老无子和残疾的人都能得到供养。男子各尽自己的职分，女子都有自己的归宿。

昔者仲尼与于蜡(zhà)宾，事毕，出游于观(guàn)之上，喟(kuì)然而叹。仲尼之叹，盖叹鲁也。言偃在侧曰："君子何叹？"孔子曰："大道之行也，与三代之英，丘未之逮也，而有志焉。大道之行也，天下为公。选贤与能，讲信修睦，故人不独亲其亲，不独子其子，使老有所终，壮有所用，幼有所长，矜寡孤独废疾者，皆有所养。男有分，女有归。货，恶其弃于地也，不必藏于己；力，恶其不出于身也，不必为己。是故谋闭而不兴，盗窃乱贼而不作，故外户而不闭。是谓大同。"

"今大道既隐，天下为家，各亲其亲，各子其子，货力为己，大人世及以为礼。城郭沟池以为固，礼义以为纪；以正君臣，以笃父子，以睦兄弟，以和夫妇，以设制度，以立田里，以贤勇知。以功为己，故谋用是作，而兵由此起。禹、汤、文、武、成王、周公，由此其选也。此六君子者，未有不谨于礼者也。以著其义，以考其信，著有过，刑仁讲让，示民有常。如有不由此者，在势者去，众以为殃。是谓小康。"

赏析

这篇文章通过对社会发展不同阶段的分析，提出了儒家学派的两个重要概念："大同"和"小康"。这两个概念对后代影响深远，直到现在，还被广泛地用在我们对某种社会形态的定义上。

在作者看来，"大同"是远古的黄金时代。在这个时代里，大道流行，天下为公，国家权力、社会财富都属于全体民众，男女老幼、鳏寡孤独都有所养，是真正意义上的路不拾遗、夜不闭户的太平盛世。这种理想的社会状态，让生活在社会底层的民众看到了希望，成为人们不灭的理想。

而在大道衰落之后，社会进入天下为家的历史阶段。这个阶段的特征是公有制消亡，私有制兴起，人们不再为了全社会谋取利益，而是为了家庭、家族来谋取利益。人与人之间被各种等级区分开来，贵族阶层将政权牢牢地掌握在自己手里。在这种背景下，礼义被制定出来，用以调整君臣、父子、夫妻之间的关系，从而建立和谐、有序的社会结构。这种时代精神，就是"小康"。在几千年前，作者对小康社会形成过程的叙述，和历史发展过程中私有制和国家形成的真实过程十分接近，显示出作者对社会现实的深入观察与独到分析。由于"小康"具有了在大同社会无法实现的当前阶段理想社会境界的意义，并符合经济处于中等水平、生活较为富裕的社会阶段的特征，因此，在几千年后得以被今天的我们所用。

《礼运》对天下为公与天下为家的论述，对大同和小康社会的描述，都对中国古代政治学、社会学思想产生了深远的影响。"大同"思想来源于老子的乌托邦思想，但又有明显的不同。在老子看来，从原始社会到阶级社会的发展是一种堕落，大道消亡之后产生的仁义礼乐，是对人的本性的一种反动，因此人们应该"绝圣弃智""绝仁弃义"，回归到人类最初的原始状态，过那种没有文明、没有文化的日子。而在《礼运》的作者看来，进入天下为家的时代之后，虽然重返天下为公已经不再有可能，但通过对礼、义的强调，也能够达到一种不错的社会状态。作者尤其强调，在这样的时代，天下为家既然已经成为定局，那么人们不妨接受现实，面对现实，积极地寻求适合于当前历史阶段的大治之道。而这个道就是礼。通过对礼的强调，可以使人们免于堕落，使社会走向和谐有序。这是儒家积极入世的思想精髓在闪光，比起道家消极的思想来，这种思想更现实，更积极，更有利于治世，因此被历代统治者加以提倡。

檀弓下（节选）

晋献公之丧，秦穆公使人吊公子重耳，且曰："寡人闻之，亡国恒于斯，得国恒于斯。虽吾子俨然在忧服之中，丧亦不可久也，时亦不可失也，孺子其图之。"以告舅犯，舅犯曰："孺子其辞焉。丧人无宝，仁亲以为宝。父死之谓何？又因以为利，而天下其孰能说之？孺子其辞焉。"公子重耳对客曰："君惠吊亡臣重耳，身丧父死，不得与于哭泣之哀，以为君忧。父死之谓何？或敢有他志，以辱君义。"稽颡而不拜，哭而起，起而不私。子显以致命于穆公。穆公曰："仁夫公子重耳！夫稽颡而不拜，则未为后也，故不成拜。哭而起，则爱父也，起而不私，则远利也。"

惟殡非古也，自敬姜之哭穆伯始也。

丧礼，哀戚之至也。节哀，顺变也。君子念始之者也。

……

孔子过泰山侧，有妇人哭于墓者而哀，夫子式而听之，使子路问之曰："子之哭也，壹似重有忧者。"而曰："然。昔者吾舅死于虎，吾夫又死焉，今吾子又死焉。"夫子曰："何为不去也？"曰："无苛政。"夫子曰："小子识之。苛政猛于虎也！"

……

　　丧不虑居，毁不危身。丧不虑居，为无庙也；毁不危身，为无后也。

赏 析

　　《檀弓》是《礼记》当中非常重要的篇章，记录的是不同时期不同历史人物与丧葬礼仪及其他礼制相关的事件，它的主要表现方式也比较特别，是通过各个历史人物的对话和行动两方面来说明场景、人物与事件，而《檀弓下》中不乏一些名段名句，如孔子反对活人殉葬制的段落，再如"节哀顺变""苛政猛于虎也"等词句，这些对于今天都依然很有教益。

　　中华民族是一个尚礼的民族，以孝为先，长辈死后的葬礼更被视为是对长辈最后一次尽孝道，所以丧葬礼仪在诸礼中所占的地位是很高的。葬礼的规模是否齐全，是否庞大，在古代的社会甚至被认为是否懂礼、是否有礼的一个重要标准。所以也造成了社会丧葬场景过于铺张浪费的风气，针对礼的初衷而言这种现象是要被否定的。崇尚真礼的孔子认为要一切从简，通过这一点我们可以看到儒家思想某些跨时代性与先进性的闪光点。

　　"丧不虑居，毁不危身。丧不虑居，为无庙也。"家族宗庙的观念在中国的传统观念里是极其重要的，子思母亡，"子思哭于庙"，而天子则是天下所有人的父母，"天子崩三日""天下服"，天子驾崩，天下人都为其服孝。本文虽是从死去的人的丧葬开始说起，但是它的内容最后又涉及很多国家大事和政治原则，如上所说的秦穆公悼念晋献公一事，还有"苛政猛于虎"这则故事，背后都是要阐明一个道理：治国就在于治心，人心是万物之根本，礼治较之于法治要有效得多了，百姓明礼则必将自治。

孟子

天将降大任于是人也

孟子很小的时候，父亲就去世了，母亲靠纺织麻布来维持生活。孟子小时候很聪明，看见什么就模仿什么，学习能力特别强，孟母也很重视对孟子的教育。

起初孟子家在墓地附近，孟子就跟着送葬的队伍学吹喇叭，跟小伙伴一起玩送葬的游戏。孟母认为这不该是自己带孩子住的地方，于是迁住到集市的旁边。孟子又学起了奸猾商人夸口买卖，于是孟母又把家搬到了学堂附近。这次孟子每天早上都去学堂外面跟着学生一起读书，变得懂礼貌又讲秩序。这便是"孟母三迁"的故事。后来孟子没有辜负孟母的期望，成为战国时期的思想家和儒家学派主要代表人物。

作为孔子之后儒家学派最杰出的代表人物，孟子早年受业于孔子的孙子子思的门人，其学说与子思的关系非常密切。孟子学成以后，曾效仿孔子广收门徒，周游列国，游说从政，试图实现其"仁政"的理想。作为当时的一名学者，孟子在各诸侯国受到了当权者的礼遇，但其思想与政见却始终没有受到重视和采用。孟子晚年和门徒专心著书立作，极大地发扬了孔子的学术思想。

　　孟子姓孟名轲，字子舆，邹国（今山东邹城）人。生活的时代是战国中期。当时学术上百家争鸣，蓬勃发展；政治上诸侯争霸，兼并战争频繁，天下合纵连横，社会动荡不安，人民饱受战火的煎熬。作为孔子的继承者，孟子也和孔子一样，为了实现政治理想，积极游说于各诸侯国之间。然而，在周天子权力渐失、诸侯国扩张、诸侯权力欲望不断膨胀的情况下，社会所普遍推崇的是征伐、兼并，无人会顾及作为战争基础的人民的生活情况，所以孟子所推行的仁政主张被认为是迂腐之见，在当时的社会条件下基本上也是不可能实施的，不被重视也是必然的结果。所以，孟子在自己的思想遭到当权者的多次冷遇之后，晚年下定决心，与他的弟子专心从事著书，把他的思想记录下来，以留后世见证。《孟子》一书就是孟子在备受挫折之后，对自己的理想政治所做的诠释。

孟子

孟子是孔子思想的继承人。他与孔子并称"孔孟"。

内容简介

《孟子》是由孟子及其弟子万章、公孙丑等共同编撰完成的，全书效仿《论语》采用对话体的论文形式，记述孟子与诸弟子的"疑难答问"以及孟子自己的"法度之言"，体现了孟子的思想学说。全书共七篇：《梁惠王》《公孙丑》《滕文公》《离娄》《万章》《告子》《尽心》，每篇开头都是取一个重要的字眼命名。

在百家争鸣的战国中期，孟子一向以"好辩"著称，因此《孟子》的文章中也表现出了高超的辩论艺术，《孟子》散文风格气势浩然，源于其所提倡的注重人格修养的力量，孟子本人又善于运用比喻，所以文章中比喻与寓言的运用也比比皆是。总体来说，《孟子》是极具艺术感染力的一部儒家经典。

首先要了解孟子仁政主张的两个理论支柱——民本论和性善论。从民本论出发，统治阶级必须推行仁政；从性善论出发，统治阶级可能推行仁政。民本论说明了推行仁政的必要性，性善论说明了推行仁政的可能性。孟子的仁政主张是为统治阶级服务的，但他的出发点是人，这是他进步的地方。不过，他所说的人性是抽象的，是超越了阶级性的人性，是一种泛人性论观点。这种局限是由孟子所处的时代、阶级所决定的。

孟子的思想来源于孔子而又有所发展。他把孔子的"仁"的思想发展为"仁政"，主张使人民安居乐业。他主张建立一个黎民不饥不寒、老者安享晚年之乐的小康社会；他主张"民贵君轻"，对当时某些统治者虐民以逞的行为提出尖锐的批判，甚至斥责为"率兽而食人"（《梁惠王上》）。他甚至对君主的绝对权威表示否定，"君有大过则谏，反复之，不听，则易位"（《万章》），"君之视臣如草芥，则臣之视君如寇仇"（《离娄》），"闻诛一夫纣矣，未闻弑君

典籍百科

人性本善还是人性本恶?

关于人性是本善还是本恶的问题,是哲学中一个重要的课题,许多哲学家对此发表了自己的观点。

首先,孔子提到了"性相近,习相远也",但并未明确表明人性是本善还是本恶。孟子则提出"性善论",他认为仁、义、礼、智是性善的表现,也就是人类内在的品质。

朱熹在孟子的基础上进行了进一步的发展和变化。他主张"性本善",认为天理本善,但后天的欲望可能导致人们走向邪恶。因此,他提出了"存天理,灭人欲"的主张。

与此相反,战国末期的荀子则持有"性恶论"的观点,认为人的本性具有恶的道德价值。他认为"好恶、喜怒、哀乐,夫是之谓天情"。而韩非更进一步强调人性的恶,他认为人的情感是根据利益来选择的,追求利益的事物就会接近,而危害利益的事物则会远离。

后来的哲学家也对人性的本善或本恶问题进行了深入的思考和发展。此外,西方哲学家也有对人性善恶问题的不同看法,涉及的方面很广,在此不一一赘述。

也"(《梁惠王》),这样的话,在专制强化的封建社会没有人敢说。

孟子仁政说建立在"性善论"和"良知论"的哲学基础之上。在他看来,人性是与生俱来的,人生来就具有"善端",也就是有为善的倾向。"恻隐之心,仁之端也;羞恶之心,义之端也;辞让之心,礼之端也;是非之心,智之端也"(《告子上》)。这些"善端"是天赋的,为心中固有的,因此,又叫"良知"。人身上的"善端"原本都是相同的,之所以有的人未能成为善人,不是人性本质有什么差别,而是由于不去培养扩充这些善端,以致逐渐失去本性。只要能保持、发展身上的这种善的本性,人就能成为善人,以至"人皆可以为尧舜"。这种内省的修养方法,成为后世儒家思想的主流。程颢、程颐、陆九渊、王阳明等宋明理学家都继承了孟子这方面的学说。

孟子对于教育也有自己的主张。他认为要"得天下英才而教育之",提倡人格和道德教育。他说:"谨庠序之教,申之以孝悌之义。"而且,孟子认为修养是求学的基点,但又认为人的善性,无法从外在培养,教育只可起感化作用,最终都要凭自己的思考来达到。修身方法上,则主张自由发展,因势利导。他对学习环境十分重视,主张置学子于优良环境中,施以自发的教育,方能成功。

《孟子》的文章体现出高超的辩论艺术。为了让自己的"仁政"理想推行天下,孟子动辄便与人言辞交锋,唇舌开战,而且必欲争胜。他曾经说过:"吾善养吾浩然之气。"(《公孙丑上》)这种浩然之气,是一个正直笃行的士大夫对仁义道德进行坚持不懈的修炼,从而形成的一种至大至刚、充塞于天地之间的人格魅力。由这种人格魅力所决定，《孟子》在嬉笑怒骂之间传达观点，绝不做吞吞吐吐之状，感情激越，词锋犀利，气势恢宏，如长河大浪磅礴而来，横行无阻，震荡乾坤。他对自己憎恶的人物与现象总是予以辛辣讽刺，猛烈抨击，毫不留情，因此文章总是显得理直气壮，义正词严。他对自己的理想、信念坚定不移，每当述及理想的时候总是激昂慷慨，深情无限。例如，"鱼我所欲也""天之将降大任于是人也"两章以及向齐宣王宣扬仁政的威力等处，或悲壮，或庄严，或热情洋溢，都具有强烈的抒情性。这些作品不仅有凌越一切的理论力量，而且使读者受到感染。这种理直气盛的做人和行文的风格，以其巨大的魅力，影响着后世一代又一代的作家。在与人辩论中不管对方是国君还是平民，他都能不卑不亢，有理有据，从容陈词，步步紧逼，纵横捭阖，有时因势利导，有时犯颜诘问，尤其善于抓住对方心理、抓住对方破绽展开长篇大论，大有战国纵横家的气概。

《孟子》的文章又以善用譬喻见长。孟子喜欢在说理文章中使用寓言、比喻，以阐述深奥的理论问题。这些譬喻大都从现实生活中取材，平易通俗而又发人深省。比如，他把百姓盼望仁政比作"大旱之望云霓"，把道义与生命的关系比作鱼和熊掌等，都浅显易懂，形象生动。书中的寓言大都不长，其中很少刻意渲染，但又寓意鲜明，涉笔成趣。如"日攘邻人之鸡""弈秋"等，都颇为生动传神。

《孟子》还提出了一些可贵的文艺见解。孟子强调"知人论世"的文学接受观，认为"颂其诗，读其书，不知其人可乎？是以论其世也"（《万章下》），也就是说，阅读前人作品前要了解作者的为人，而要了解作者的为人就必须了解其生活时代。在文学批评方面，他主张"说《诗》者，不以文害辞，不以辞害志，以意逆志，是为得之"（《万章上》），主旨是阅读者不要由于作品的艺术手段而误解其词句，也不要拘泥于某些字面意义而妨碍对主旨的把握，要以自己的心意去体会作者的思想感情。这些见解被后人当作理解文学作品的重要原则，在文学批评史上产生了深远影响。

齐桓、晋文之事

齐宣王问曰："齐桓、晋文之事，可得闻乎？"

孟子对曰："仲尼之徒无道桓文之事者，是以后世无传焉，臣未之闻也。无以，则王乎？"

曰："德何如则可以王矣？"曰："保民而王，莫之能御也。"曰："若寡人者，可以保民乎哉？"曰："可。"曰："何由知吾可也？"曰："臣闻之胡龁曰，王坐于堂上，有牵牛而过堂下者，王见之，曰：'牛何之？'对曰：'将以衅钟。'王曰：'舍之！吾不忍其觳觫，若无罪而就死地。'对曰：'然则废衅钟与？'曰：'何可废也？以羊易之！'——不识有诸？"曰："有之。"曰："是心足以王矣。百姓皆以王为爱也，臣固知王之不忍也。"王曰："然。诚有百姓者。齐国虽褊小，吾何爱一牛？即不忍其觳觫，若无罪而就死地，故以羊易之也。"曰："王无异于百姓之以王为爱也。以小易大，彼恶知之？王若隐其无罪而就死地，则牛羊何择焉？"王笑曰："是诚何心哉？我非爱其财，而易之以羊也。宜乎百姓之谓我爱也。"曰："无伤也，是乃仁术也，见牛未见羊也。君子之于禽兽也，见其生，不忍见其死；闻其声，不忍食其肉。是以君子远庖厨也。"

　　王说，曰："《诗》云：'他人有心，予忖度之。'夫子之谓也。夫我乃行之，反而求之，不得吾心。夫子言之，于我心有戚戚焉。此心之所以合于王者，何也？"曰："有复于王者曰：'吾力足以举百钧，而不足以举一羽；明足以察秋毫之末，而不见舆薪。'则王许之乎？"曰："否。""今恩足以及禽兽，而功不至于百姓者，独何与？然则一羽之不举，为不用力焉；舆薪之不见，为不用明焉；百姓之不见保，为不用恩焉。故王之不王，不为也，非不能也。"曰："不为者与不能者之形何以异？"曰："挟泰山以超北海，语人曰：'我不能。'是诚不能也。为长者折枝，语人曰：'我不能。'是不为也，非不能也。故王之不王，非挟泰山以超北海之类也；王之不王，是折枝之类也。"

　　"老吾老，以及人之老；幼吾幼，以及人之幼，天下可运于掌。《诗》云：'刑于寡妻，至于兄弟，以御于家邦。'言举斯心加诸彼而已。故推恩足以保四海，不推恩无以保妻子。古之人所以大过人者，无他焉，善推其所为而已矣。今恩足以及禽兽，而功不至于百姓者，独何与？权，然后知轻重；度，然后知长短。物皆然，心为甚。王请度之！""抑王兴甲兵，危士臣，构怨于诸侯，然后快于心与？"

　　王曰："否。吾何快于是？将以求吾所大欲也。"曰："王之所大欲，可得闻与？"王笑而不言。曰："为肥甘不足于口与？轻暖不足于体与？抑为采色不足视于目与？声音不足听于耳与？便嬖不足使令于前与？王之诸臣皆足以供之，而王岂为是哉？"曰："否。吾不为是也。"曰："然则王之所大欲可知已，欲辟土地，朝秦、楚，莅中国而抚四夷也。以若所为求若所欲，犹缘木而求鱼也。"王曰："若是其甚与？"曰："殆有甚焉。缘木求鱼，虽不得鱼，无后灾。以若所为求若所欲，尽心力而为之，后必有灾。"曰："可得闻与？"曰："邹人与楚人战，则王以为孰胜？"曰："楚人胜。"曰："然则小固不可以敌大，寡固不可以敌众，弱固不可以敌强。海内之地方千里者九，齐集有其一。以一服八，何以异于邹敌楚哉？盖亦反其本矣。今王发政施仁，使天下仕者皆欲立于王之朝，耕者皆欲耕于王之野，商贾皆欲藏于王之市，行旅皆欲出于王之途，天下之欲疾其君者，皆欲赴愬于王。其若是，孰能御之？"

王曰："吾惛（hūn），不能进于是矣。愿夫子辅吾志，明以教我。我虽不敏，请尝试之。"曰："无恒产而有恒心者，惟士为能。若民，则无恒产，因无恒心。苟无恒心，放辟邪侈，无不为己。及陷于罪，然后从而刑之，是罔民也。焉有仁人在位罔民而可为也？是故明君制民之产，必使仰足以事父母，俯足以畜妻子，乐岁终身饱，凶年免于死亡。然后驱而之善，故民之从之也轻。今之制民之产，仰不足以事父母，俯不足以畜妻子；乐岁终身苦，凶年不免于死亡。此惟救死而恐不赡，奚暇治礼义哉？王欲行之，则盍反其本矣！五亩之宅，树之以桑，五十者可以衣帛矣。鸡豚狗彘之畜，无失其时，七十者可以食肉矣。百亩之田，勿夺其时，八口之家可以无饥矣。谨庠序之教，申之以孝悌之义，颁白者不负戴于道路矣。老者衣帛食肉，黎民不饥不寒，然而不王者，未之有也。"

赏析

本文出自《孟子·梁惠王上》，是《孟子》七篇中为数不多的长文之一。文章从形式上看虽然似对话体，但实际上却是论据充分、论证思维明确、论点也十分突出的议论性文章，并且还比较集中地表达出了孟子仁政的思想内容。

这篇文章的历史背景是当时齐宣王继承了其父齐威王的遗业，而且他本人也有不错的成绩，在都城临淄稷门附近扩置学馆，广招文学游说之士，可以自由地讲学和议论国事，孟子就在此时以卿的身份供职于宣王身边。齐宣王野心勃勃，一见到孟子就问："齐桓、晋文之事，可得闻乎？"齐宣王毫不掩饰地表明了企图像他们那样称霸的想法，这也是孟子善于用语言表现人物的手段的开始。但孟子是反对无休止的兼并争霸的"霸道"之战的，而他又不能直接地向齐宣王说出他的反对意见，因为那样一来，他也将失去当权者对他的继续信任，因此，一句"仲尼之徒无道桓文之事者，是以后世无传焉，臣未之闻也"体面地拒绝了回答他的问题。但光是拒绝回答这一问题并不能达到孟子要进一步阐述他观点的目的，那他应该怎么做呢？孟子接着以"无以，则王乎"引出齐宣王所感兴趣的另一方面，也引出了他所要表达的自己的观点，直接地把议论方向转到了如何为王道，如何施仁政上来了，可谓是语言婉转，不失巧妙。齐宣王也想知道"德何如则可以王矣"，孟子马上抓住机会说出自己的观点："保民而王，莫之能御也。"纵观全文，无不是以这一句作为文章的总纲的开始。所以说孟子是一位语言大师，字字珠玑，开篇就获得了小胜。

孟子也是一位成功的心理大师，他明白为王者的齐宣王爱听什么样的话，所以能抓住对话者的内心想法，因势利导，层层深入，使齐宣王慢慢走入他的主题当中。在第二阶段的对

以羊易牛

话中，他先是抓住了齐宣王"以羊易牛"的小事大做文章，肯定了齐宣王有保民之心，一句"无伤也，是乃仁术也"，"是以君子远庖厨也"表示了他与平民的看法不同，不认同"百姓皆以王为爱也"，即认为王小气吝啬的说法，帮齐宣王摆脱了窘境，一下拉近了与齐宣王的距离。接着，在王"为"与"不为"的心理矛盾中，孟子并不急着宣布他的"老吾老，幼吾幼"的推恩方法，而是连续运用"明察秋毫""挟泰山以超北海"的比喻由小见大，让宣王自己做出了判断，最后亮出主题"推恩"。王既能"爱民"，那肯定就能理解"仁民"，他打消了齐宣王的犹豫，实际上也让齐宣王走进了他的"语言陷阱"。齐宣王除了默认外，无话可说。

接下来的对话，则是完全按照孟子的节奏进行了。孟子深知齐宣王不会完全相信他的王道学说，于是欲擒故纵地展开第三回合的辩论，"辟土地，朝秦楚"等一系列的排比短句，还有"缘木求鱼""邹与楚战"等比喻，既描绘一系列"发政施仁"的美好景象，又上下文鲜明对比，击中了齐宣王好大喜功的心理，使得齐宣王心为所折。最后，在齐宣王虚心求教的前提下，孟子完全阐述了"保民而王"的政治观点：仁政的实施首先有赖于君主的"不忍之心"，其次仁政的真正实现必须"置民之产"。值得一说的是，孟子的仁政王道主张始终是建立在统治者发善心的基础上，在当时的历史条件下只能是不切实际的幻想，孟子虽然把齐宣王说得心服口服了，但事后齐宣王并没有采纳和实施他的主张，孟子也还是抑郁不得志，几年后辞官悻悻然离开了齐国。

天时不如地利

孟子曰："天时不如地利，地利不如人和。三里之城，七里之郭，环而攻之而不胜。夫环而攻之，必有得天时者矣；然而不胜者，是天时不如地利也。城非不高也，池非不深也，兵革非不坚利也，米粟非不多也；委而去之，是地利不如人和也。故曰：域民不以封疆之界，固国不以山豁之险，威天下不以兵革之利。**得道者多助，失道者寡助。**寡助之至，亲戚畔之；多助之至，天下顺之。以天下之所顺，攻亲戚之所畔，故君子有不战，战必胜矣。"

精彩译文

能施行仁政的群主，帮助支持他的人就多，不施行仁政的君主，帮助支持他的人就少。

赏 析

这篇短文出自《孟子·公孙丑下》，表达了孟子"以人为本"的观点。但孟子的观点最终还是回到了统治阶级的施仁政要有一个好君主，并没有脱离封建的君主制，这是孟子在为政思想上的时代局限性，但他的写作手法与严密的逻辑思维值得借鉴。

文章一开头"天时不如地利，地利不如人和"就是两个层次递进的句子，展现了孟子一向惯用的手法：因势利导，循序渐进。两个句子，把"天时、地利、人和"排列在一起，以先后两个"不如"说明了三者间的关系，一个比一个关键。"人和"是最重要的，直切主题，点明中心，统率全文，格局明确。接下来就是论证这一中心观点。第二、三句论证"天时不如地利"只是引子，第四句"地利不如人和"也只是寥寥几笔。到了第五句的时候，孟子把论述引向了他的人和才得道的最终目的，得道实际上也是要求推行仁政。以上的文字都是运用物质上的不足性来挑出最后具体从人心上来填补的重要性，在事实论证的基础上推向了理论论证的高潮。

从逻辑思维上看，值得一提的是孟子安排得非常严密，先是用事实论证，认为事实是胜于雄辩的，对于摆在眼前的事实人们从来都是能很快认同它，结论也就很容易被接受了。到了第二部分，也就是第五句，进入了理论的阶段，理论的东西向来比较抽象，不过有事实作为基础，理解起来就容易多了。从某种意义上讲孟子在这一逻辑思维的形式上有一定的辩证唯物主义的特点，即从感性上升至理性。

最后再看一下文章的用语与内容，我们有时候也不得不承认孟子的某些政治观点在当时来说是具有超时代性的，像"得道多助，失道寡助"这一论点在以后很长的一段时间里都被统治者奉为至理名言，"天时、地利、人和"这些基本因素在面对战争或是重大的变革时都是要考虑的条件。

文章虽然不长，但结构严谨，逻辑性强，是一篇很好的政治性论文，在先秦诸多说理性散文中也比较具有代表性。

鱼我所欲也

孟子曰："鱼，我所欲也，熊掌，亦我所欲也；二者不可得兼，舍鱼而取熊掌者也。生，亦我所欲也，义，亦我所欲也；二者不可得兼，舍生而取义者也。生亦我所欲，所欲有甚于生者，故不为苟得也；死亦我所恶，所恶有甚于死者，故患有所不辟也。如使人之所欲莫甚于生，则凡可以得生者，何不用也？使人之所恶莫甚于死者，则凡可以辟患者，何不为也？由是则生而有不用也，由是则可以辟患而有不为也，是故所欲有甚于生者，所恶有甚于死者。非独贤者有是心也，人皆有之，贤者能勿丧耳。一箪食，一豆羹，得之则生，弗得则死，呼尔而与之，行道之人弗受；蹴尔而与之，乞人不屑也。万钟则不辨礼义而受之。万钟于我何加焉？为宫室之美、妻妾之奉、所识穷乏者得我与？乡为身死而不受，今为宫室之美为之；乡为身死而不受，今为妻妾之奉为之；乡为身死而不受，今为所识穷乏者得我而为之，是亦不可以已乎？此之谓失其本心。"

赏析

这篇文章选自《孟子·告子上》，它论述了孟子的一个重要主张：义重于生，当义和生不能两全时应该舍生取义。

文章一开始，孟子就打了一个形象的比方：鱼，是我想要的；熊掌，也是我想要的，如果二者不能兼得，那么就要放弃鱼而选择熊掌。生命，是我所珍爱的；大义，也是我所珍重的，如果二者不能兼得，那么我宁愿放弃生命而选择大义。孟子以"鱼"比喻生命，以"熊掌"比喻义，认为义与生命相比起来更加重要，这样就自然而然地引出了"舍生取义"的中心论点。

舍生取义的理由是什么呢？孟子从三个方面进行了论证。首先，"生亦我所欲，所欲有甚于生者，故不为苟得也；死亦我所恶，所恶有甚于死者，故患有所不辟也。"也就是说：我珍爱生命，但有些东西比生命更重要，所以不能做苟且偷生之事；我厌恶死亡，但有些东西比死亡更令人厌恶，所以有时候面对灾祸不能选择躲避。这是从正面论证义比生更珍贵，在二者不可兼得时应该舍生取义。其次，"如使人之所欲莫甚于生，则凡可以得生者，何不用也？使人之所恶莫甚于死者，则凡可以辟患者，何不为也？"这段话的意思是，如果没有什么东西比生命更应该为人们所珍惜，那是否意味着，凡是能用来保全生命的手段就可以使用呢？如果没有什么东西比死亡更为人们所厌恶，那么，是不是所有能避免灾祸的事情都可以做呢？通过这样的反诘，作者的言外之意不言自明：如果人们都这样做，大家的行为不是就变得无所不为，乃至卑鄙无耻了吗？这是从反面论证义比生更珍贵，在二者不可兼得时应该舍生取义。最后，作者以"由是则生而有不用也，由是则可以辟患而有不为也。是故所欲有甚于生者，所恶有甚于死者。非独贤者有是心也，人皆有之，贤者能勿丧耳"，从客观事实论证义比生更珍贵，在二者不可兼得时应舍生取义。通过以上论证，文章开头提出的中心论点就成立了。

孟子对"舍生取义"的追求，以及他对"万钟则不辨礼义而受之"的批判，确立了中国古代文人的行为准则，对中国封建社会产生了深远的影响。历史上许多志士仁人都把"舍生取义"奉为行为的准则，把"富贵不能淫"奉为道德的规范，成为一道独特的风景。

庄子

庄生梦蝶与逍遥游

一日午后的大树下，庄子在草地上晒着太阳沉沉睡去。他梦见自己变成了一只蝴蝶，在空中四处游荡，飘飘然地飞来飞去，快乐得忘记了自己本来的样子。睡了一会儿，庄子醒了过来，一时间分不清楚这是现实还是梦境，自己是庄子还是蝴蝶，分不清楚什么是真的。这件事让庄子很有感触，他认为梦境和生活是很难区分的，无法言说谁真谁假，世间万物就是这样不断变化的，没有什么是永恒不变的。

这便是李商隐笔下的"庄生晓梦迷蝴蝶"，短小精悍却表现出了庄子思想哲学的精华。在庄子的观念中，人与自然是一体的，人应顺应自然而发展变化，人的本性即是追求快乐和自由。现实却是人类社会的各种制度束缚了人类的天性，人们沉浸在对物质名利的追求中无法自拔。如何能让自己的心灵像蝴蝶那样在广阔的世界里翩翩起舞，便是《庄子》一书想要告诉我们的。

庄子名周，宋国人，生活在战国时期，稍晚于孟子。战国时期兵荒马乱，庄子当过漆园吏，大概是乡长一职，这个职位让庄子既能了解上层社会的黑暗，也能有机会与下层社会劳动者密切接触，了解百姓疾苦。这样的生活经历让庄子对国君富贾无比鄙夷，也对劳动者和贫苦百姓怀有强烈的同情心。

庄子是老子思想的继承者和发展者，后世将他与老子并称为"**老庄**"。庄子的思想是道家思想的一大组成部分，他创造了一个独特又玄深的哲学体系，集中体现在《庄子》一书中。给《庄子》一书作注的郭象说："夫庄子者，可谓知本矣，故未世藏其狂言，言虽无会而独应者也。"唐代成玄英对庄子更是推崇备至："夫庄子者，所以申道德之深根，述重玄之妙旨，畅无为之恬淡，明独化之窅冥，钳揵九流，括囊百氏，谅区中之至教，实象外之微言者也。"鲁迅先生则说："其文汪洋辟阖，仪态万方，晚周诸子之作，莫能先也。"这些足以代表《庄子》在世人心中的地位和影响。

《庄子》问世之后，经历了秦汉时期的沉默，到了魏晋时期，突然华光璀璨，熠熠生辉，《庄子》一书和《周易》《老子》一起被誉为"**三玄**"。尤其在向秀、郭象的推动下，研究、阅读《庄子》成了时代风潮，达官贵人、帝王将相、高僧隐士都成了《庄子》的爱好者，谈玄之风，翕然成响。到了唐代，由于帝王尊崇道教，庄周的地位进一步提高，被册封为"南华真人"，《庄子》一书也被尊崇为《南华真经》。宋元明清时期，《庄子》依然拥有广大的拥趸，其思想精华已渗透到日常生活的方方面面。时至今日，《庄子》的魅力依然不减当年，不光是在国内，就是在海外，《庄子》的魅力也丝毫不减，其思想精华被世人进一步发扬光大。

内容简介

《庄子》一书原有内篇七篇、外篇二十八篇、杂篇十四篇、解说三篇，共五十二篇，十余万字。后来我们读到的版本基本都是经过郭象删减后的版本，分为内篇七篇、外篇十五篇、杂篇十一篇，共三十三篇，大小寓言二百多个。该书包罗万象，对宇宙生成论、人与自然的关系、生命价值、批判哲学等都有详尽的论述。

由于内篇与外篇、杂篇文字风格不同，在某些问题的看法上也有所差异，所以一般认为内篇是庄子所著，是庄子思想核心，七篇可构成完整的理论体系。内七篇篇目都为三字，皆标明题旨，与外、杂篇取各篇篇首两字为题不同，一般认为，外篇、杂篇，都是解说这七篇的。

庄子的思想在老子思想的基础上有所继承和发展，二者对于"道"的认识基本是一致的，即：一指宇宙本源，二指自然客观规律。庄子哲学思想以"无为而治"为特性，从自然层面扩大到社会层面，呈现出部分消极和片面的倾向。《庄子》一书，同《老子》一样，成为道家学术思想之主流，主导了魏晋玄学的哲学思路，影响了佛教中国禅的形成，也成为宋明理学的重要理论基础。

《庄子》同时也是一部杰出的文学著作，尤其是内七篇，更像是庄子以奇异浪漫的写作手法创造出的散文集。同时他开创了"三言创作论"的理念，善于创造奇特怪异的艺术意境，拥有丰富的想象力和讽刺幽默的艺术手法，揭示当时的社会黑暗。总之，《庄子》在哲学、艺术、文学等领域，都对后世的发展产生了深远的影响，老、庄与孔、孟共同构成了国民精神的源头。

名篇选读

逍遥游（节选）

北冥有鱼，其名为鲲。鲲之大，不知其几千里也。化而为鸟，其名为鹏。鹏之背，不知其几千里也。怒而飞，其翼若垂天之云。是鸟也，海运则将徙于南冥。南冥者，天池也。

《齐谐》者，志怪者也。《谐》之言曰："鹏之徙于南冥也，水击三千里，抟扶摇而上者九万里，去以六月息者也。"野马也，尘埃也，生物之以息相吹也。天之苍苍，其正色邪？其远而无所至极邪？其视下也，亦若是则已矣。

且夫水之积也不厚，则其负大舟也无力。覆杯水于坳堂之上，则芥为之舟，置杯焉则胶，水浅而舟大也。风之积也不厚，则其负大翼也无力。故九万里则风斯在下矣，而后乃今培风；背负青天而莫之夭阏者，而后乃今将图南。

蜩与学鸠笑之曰："我决起而飞，抢榆枋，时则不至而控于地而已矣，奚以之九万里而南为？"适莽苍者，三餐而反，腹犹果然；适百里者，宿舂粮；适千里者，三月聚粮。之二虫又何知！

小知不及大知，小年不及大年。奚以知其然也？朝菌不知晦朔，蟪蛄不知春秋，此小年也。楚之南有冥灵者，

语文课堂

鲲： 古代传说中的大鱼，可以幻化为鹏鸟。

野马： 游动的薄云或水蒸气。

蜩： 蝉的别名。

学鸠： 一种鸟类，又名斑鸠。体形较小。

朝菌： 一种朝生暮死的菌类生物。

蟪蛄： 寒蝉，春生夏死，夏生秋死。

以五百岁为春，五百岁为秋；上古有大椿者，以八千岁为春，八千岁为秋，此大年也。而彭祖乃今以久特闻，众人匹之，不亦悲乎？

汤之问棘也是已："穷发之北，有冥海者，天池也。有鱼焉，其广数千里，未有知其修者，其名为鲲。有鸟焉，其名为鹏，背若太山，翼若垂天之云，抟扶摇羊角而上者九万里，绝云气，负青天，然后图南，且适南冥也。斥鴳笑之曰：'彼且奚适也？我腾跃而上，不过数仞而下，翱翔蓬蒿之间，此亦飞之至也！而彼且奚适也？'"此小大之辩也。

故夫知效一官，行比一乡，德合一君而征一国者，其自视也，亦若此矣。而宋荣子犹然笑之。且举世而誉之而不加劝，举世而非之而不加沮，定乎内外之分，辩乎荣辱之境，斯已矣。彼其于世，未数数然也。虽然，犹有未树也。

夫列子御风而行，泠然善也，旬有五日而后反。彼于致福者，未数数然也。此虽免乎行，犹有所待者也。

若夫乘天地之正，而御六气之辩，以游无穷者，彼且恶乎待哉！故曰：至人无己，神人无功，圣人无名。

语文课堂

椿：古代传说中的一种大树，寿命很长。后比喻人长寿。

彭祖：道教神仙人物，以长寿著称。帝颛顼之玄孙，陆终之子。

列子御风而行

赏析

《逍遥游》作为《庄子》的首篇，开篇见义，集中代表了庄子的哲学思想。文章气象宏大，思想精微，展现了庄子的理想和精神境界。

全篇分为三部分，第一部分便是上述选段的部分，是整篇的主体部分。从对比鲲鹏和蜩与学鸠、朝菌蟪蛄与椿不能"逍遥"的例子说明，要想真正达到自由自在的境界，必须"无己""无功""无名"。第二部分至"窅然丧其天下焉"，不在本选段范围内，但是是紧承上一部分作进一步的阐述，说明"无己"是摆脱各种束缚的唯一途径，只要真正做到忘我、忘掉一切，就可以达到逍遥的境界。余下为第三部分，论述什么是真正的有用和无用，要化无用为有用，进一步表达了不受任何拘束，追求优游自得的生活旨趣。

文章开头鲲鹏意象的作用，首先体现在其"大"，不仅指体形大，也指能力大，境界大。鲲游于水，但也依于水。鲲化为鹏，脱离了对水的依赖，进入了更为逍遥的状态，但也有凭于天空中的风。所以在庄子眼里，虽然鲲鹏看似逍遥，但仍然是有所待的状态，没有达到庄子理想的大境界。

蜩与学鸠的形象，突出了一个"小"字，形体小，志向小，而又对鲲鹏有所讥笑。鲲化为鹏，飞向更高的地方，这是对生命和自我的突破，而蜩与学鸠飞不高便回到了地面，并用自己的标准去嘲笑鲲鹏，恰好体现出了自己的无知和浅薄。

如何做到逍遥，即"无待"，追求绝对自由的人生观，忘却物我的界限，达到无己、无功、无名的境界，无所依凭而游于无穷，才是真正的"逍遥游"。鹏程万里，扶摇直上，看似逍遥，其实都"有所待"，不自足。一旦时不我与，则无法成功。如何才能超脱？庄子提出"乘天地之正，御六气之辩，以游无穷。"也就是说，心灵顺应天地大道，跳出万物束缚，无物、无我、无功、无名，与天地精神相往来，逍遥自在。

《逍遥游》是诸子百家中的名篇，充满奇特的想象和浪漫的色彩。"逍遥游"也是庄子思想的重要方面。在庄子的眼里，客观现实中的事物，包括人类本身都是对立而又相互依存的，这就没有绝对的自由，要想无所依凭就得无己。因而他希望一切顺应自然，否定人在社会生活中的一切作用，提倡不滞于物，追求无条件的精神自由。

西晋向秀、郭象认为：大如鲲鹏，小如学鸠，短命如朝菌，长寿如大椿，只要"各任其性"，皆可得逍遥。虽然这未必符合庄子原意，但人生一世，能够任性而为，也是一大快事。我们普通人也有自己唾手可得的逍遥，只是无心的人常常错过罢了。春和景明，小院深处，庭草无人随意绿。夏日午后，小睡片刻，起身推窗，不知人间何世。秋高气爽，老少同游，风轻云淡，乐而忘返。冬夜温酒，三五好友，指点江山，激扬文字，粪土当年万户侯。岂不逍遥？

齐物论（节选）

南郭子綦隐机而坐，仰天而嘘，荅焉似丧其耦。颜成子游立侍乎前，曰："何居乎？形固可使如槁木，而心固可使如死灰乎？今之隐机者，非昔之隐机者也。"

子綦曰："偃，不亦善乎，而问之也！今者吾丧我，汝知之乎？女闻人籁而未闻地籁，女闻地籁而未闻天籁夫！"

子游曰："敢问其方。"

子綦曰："夫大块噫气，其名为风。是唯无作，作则万窍怒呺。而独不闻之翏翏乎？山林之畏佳，大木百围之窍穴，似鼻，似口，似耳，似枅，似圈，似臼，似洼者，似污者。激者、謞者、叱者、吸者、叫者、譹者、宎者、咬者。前者唱于而随者唱喁，泠风则小和，飘风则大和，厉风济则众窍为虚。而独不见之调调之刁刁乎？"

子游曰："地籁则众窍是已，人籁则比竹是已，敢问天籁？"

子綦曰："夫吹万不同，而使其自己也。咸其自取，怒者其谁邪？"

大知闲闲，小知间间；大言炎炎，小言詹詹。其寐也魂交，其觉也形开。与接为构，日以心斗。缦者，窖者，密者。小恐惴惴，大恐缦缦。其发若机栝，其司是非之谓也；其留如诅盟，其守胜之谓也；其杀若秋冬，以言其日消也；其溺之所为之，不可使复之也；其厌也如缄，以言

> **语文课堂**
> 形如槁木，心如死灰：庄子认为，心先固而形方固，心先死则形方枯。后比喻形体衰败、心境枯寂的精神状态，也用来形容清心寡欲的神情。

> **精彩译文**
> 大的智慧广博，小的智慧偏狭；大的言论盛气凌人，小的言论辩论不休。

111

其老洫也；近死之心，莫使复阳也。喜怒哀乐，虑叹变慹（zhé），姚佚启态，乐出虚，蒸成菌。日夜相代乎前，而莫知其所萌。已乎，已乎！旦暮得此，其所由以生乎！

……

劳神明为一，而不知其同也，谓之"朝三"。何谓"朝三"？狙（jū）公赋芧（xù），曰："朝三而暮四。"众狙皆怒。曰："然则朝四而暮三。"众狙皆悦。名实未亏，而喜怒为用，亦因是也。是以圣人和之以是非，而休乎天钧，是之谓两行。

……

昔者庄周梦为胡蝶，栩栩然胡蝶也。自喻适志与，不知周也。俄然觉，则蘧蘧（qú）然周也。不知周之梦为胡蝶与？胡蝶之梦为周与？周与胡蝶则必有分矣。此之谓物化。

语文课堂

朝三暮四：指养猴人玩弄手法欺骗猴子，后比喻变化多端，反复无常。

庄周梦蝶：不知是庄周做梦变成了蝴蝶，还是蝴蝶做梦变成了庄周，后比喻奇妙的梦境，或指人生变幻无常。

赏析

《齐物论》是《庄子》内篇的第二篇，全篇由七个寓言故事构成，分别是：南郭子綦隐机而坐、狙公赋芧、尧问于舜、啮缺问于王倪、瞿鹊子问于长梧子、罔两问景及庄周梦蝶，是全书哲学意味最浓的一篇。《齐物论》就是要消除物、我的区别，消除万物之间的区别。"吾丧我"，去除"成心"，打破自我中心，回归"真宰"，从而达到"天地与我并生，而万物与我为一"的境界。众所周知的"庄周梦蝶"，就是这种境界的诗化表现。

"齐物"的意思是一切事物归根到底都是相同的，没有什么差别，也没有是非、美丑、善恶、贵贱之分。庄子继承了老子的思想，认为世间万物浑然一体，并且向自己的对立面转化，因为万物齐一，没有区别。但是，需要说明一点，庄子的这种见解是抓住了事物的一个方面加以强调，具有片面性。

庄子通篇的思想旨在"万物齐一"，即齐彼是、齐是非、齐物我、齐生死。

这其中不仅体现了辩证法思想，也体现了主体与客体的认识关系，具有哲学上的重要意义。这些观点背后也是庄子对人之自我以及人和自然的关系认识。《齐物论》集中探讨了人的生存境遇的根本问题，庄子指出争论是非对错是没有意义的，每个人对事物的认识是片面的，内心是充满成见的。所以抛却成见之心，是非之心，人才能认识到自我的本性，到达"见独"的状态。

同样，人在天地之间，如果过度重视外在事物，如物质享受或荣华名利，人的内在独立性也会随着对外物的追求而逐渐丧失，使身心难以宁静平和。庄子在《齐物论》中通过"吾丧我""知止""两行""照之于天""物化"等重要概念不断强调个体在认识自我与外在世界时，要在"独"与"化"之间达到平衡。"齐物"并非是简单地泯灭万物差别，也并非消极地否定万物的客观差别，庄子希望人们在见独与观化的过程中，认识到个体自身与自然大化皆是"道"的体现，是人对自然大道的分裂、增益。若能"以道观之"，则万物自齐。

当其他思想家针对社会现实提出解决方案的时候，庄子却从个体入手，解决个体的生存和社会困境。庄子意识到事物之间存在的普遍差异，这种差异是人们站在不同的立场、持有不同的成见所得出的相对结论。"齐物"的思想讲所有因为成见造成的差别、所有构成人生困境的要素进行了消解，所以《齐物论》是庄子自由的认识论的前提。庄子在《逍遥游》一篇中，将追求精神自由的表述与大鹏联系在了一起，鲲鹏的意象寄托了庄子的理想追求。《逍遥游》和《齐物论》两篇，基本奠定了庄子的思想基调，就是对精神自由的追求。

人间世（节选）

……

颜阖将傅卫灵公太子，而问于蘧伯玉曰："有人于此，其德天杀。与之为无方，则危吾国；与之为有方，则危吾身。其知适足以知人之过，而不知其所以过。若然者，吾奈之何？"

蘧伯玉曰："善哉问乎！戒之，慎之，正女身也哉！形莫若就，心莫若和。虽然，之二者有患。就不欲入，和不欲出。形就而入，且为颠为灭，为崩为蹶；心和而出，且为声为名，为妖为孽。彼且为婴儿，亦与之为婴儿；彼且为无町畦，亦与之为无町畦；彼且为无崖，亦与之为无崖；达之，入于无疵。

"汝不知夫螳螂乎？怒其臂以当车辙，不知其不胜任也，是其才之美者也。戒之，慎之，积伐而美者以犯之，几矣！

"汝不知夫养虎者乎？不敢以生物与之，为其杀之之怒也；不敢以全物与之，为其决之之怒也。时其饥饱，达其怒心。虎之与人异类，而媚养己者，顺也；故其杀者，逆也。

"夫爱马者，以筐盛矢，以蜄（shèn）盛溺。适有蚊虻仆缘，而拊（fǔ）之不时，则缺衔、毁首、碎胸。意有所至，而爱有所亡，可不慎邪！"

……

孔子适楚，楚狂接舆游其门曰："凤兮凤兮，何如德之衰也？来世不可待，往世不可追也。天下有道，圣人成焉；天下无道，圣人生焉。方今之时，仅免刑焉！福轻乎羽，莫之知载；祸重乎地，莫之知避。已乎，已乎！临人以德。殆乎，殆乎！画地而趋。迷阳迷阳，无伤吾行。郤曲郤曲，无伤吾足。"

赏析

《人间世》是《庄子》内篇的第四篇，也是与我们关系最密切的一篇。全篇由七个故事组成，主旨分别是：内养，安命，诚言，慎行，藏拙。人间世即人间社会，庄子在这里描述了人际关系的纷争纠结，提出处世与自处之道。如何"涉乱世以自全"？人世间种种利害冲突，都源于求名用智。只有"心斋"，才可使心境达到空明的境界，实现自我救赎。

第二段较为集中地体现了庄子的教育思想，"形莫若就，心莫若和"，外在表现出亲近之态，内心存着诱导之意。最重要就是一个"顺"字。对方如果像婴儿那样天真烂漫，你也随着他烂漫；他如果不拘束，你也不要拘束。其次就是"慎"字。要正确评价自己的实力，切不可做螳臂当车这样自不量力的事情。

大家常说要"活在当下"，其实也就是因为"来世不可待，往世不可追。""出"与"处"是几千年来，中国知识分子面临的最大问题。是出山，建功立业，还是隐居，不问世事？这不是主观所能决定的，而应由社会客观环境来决定。"天下有道"，恭逢盛世，当然应该尽可能发出你的光和热，在社会中实现自己的理想与价值。如果"天下无道"，遭逢乱世，则保全自己的生命就成为最重要的事情。实际上，很少有人决然选择一种，不再更改。往往是人生得意时，激情澎湃，选择"出"，要建立不世之功，名垂青史；而遇到挫折，裹足不前的时候，就选择"处"，缩回老庄的怀抱里寻求温暖，只求保全自己的形体，养护精神。

对于我们普通人而言，所能做的是：志得意满的时候，不要过分张扬；遭遇"瓶颈"时，不要过分沮丧。在这个荆棘遍地的世界里，小心翼翼地走好每一步。同时，坚决捍卫做梦的权利，让精神在某一瞬间，无拘无束。完全意义上的逍遥游不敢奢望。但是，只要有那么一瞬间，真正得以逍遥，也就不枉此生了。禅宗的无门禅师有一首诗偈："春有百花秋有月，夏有凉风冬有雪。若无闲事挂心头，便是人间好时节。"

先秦诸子百家

儒家

儒家以仁、恕、诚、孝等为核心价值，提倡教化和仁政。代表作为《论语》《孟子》等，代表人物有孔子、孟子、荀子等。儒家思想对中国古代社会产生了深远的影响，在政治、教育、家庭伦理等方面形成了稳定而持久的传统。

墨家

墨家主张人与人之间无差别的爱，推崇节约，反对战争。代表作为《墨子》等。信奉墨子学说的人称为墨者。墨子是墨家创始人，主张"兼爱""非攻"等。相传他制作守城器械的本领非常高。

名家

名家擅长论辩，代表作为《公孙龙子》等。代表人物公孙龙，他能言善辩，提出了著名的"白马非马"论。

公孙龙

法家

法家提倡法治，代表作为《商君书》《韩非子》等。代表人物是韩非。他是法家学说的集大成者。"自相矛盾""守株待兔"等寓言皆出自《韩非子》。商鞅也是法家代表人物。他积极实行变法，通过变法使秦国成为强国。

韩非

道家

道家以"道"为核心，主张道法自然。代表作为《道德经》《庄子》等。代表人物有老子、庄子、列子。老子是道家的开创者，提出"无为"的思想，主张顺其自然、不与人争。道家对于中国文化、宗教、哲学和艺术等领域都有深远影响。

阴阳家

阴阳家学说的核心内容是"阴阳五行"。邹衍是阴阳家的创始人。他提出了五行学说。阴阳观念也与其他学派的思想相互交融，形成了中国独特的哲学体系。

金
土 水
木

邹衍

纵横家

纵横家以从事政治外交活动为主。代表人物为鬼谷子。他是纵横家的始祖，孙膑、庞涓、苏秦、张仪皆为其弟子。张仪曾游说各国，使各国连横亲秦，他曾任秦、魏、楚三国相国。苏秦与张仪同出自鬼谷子门下，提出合纵六国以抗秦的思想，曾兼佩六国相印。

鬼谷子

杂家

杂家以博采各家之说见长，代表作为《吕氏春秋》等。代表人物为吕不韦。他主持编纂《吕氏春秋》，汇合了先秦各派学说。

农家

农家是先秦时期反映农业生产和农民思想的学术流派，奉神农为祖师。许行是农家的代表人物。他反对不劳而获。

许行

兵家

兵家是研究军事理论，从事军事活动的学派，代表作为《孙子兵法》等。孙子，名孙武，是兵家著名的代表人物。其他代表人物还有尉缭，曾为秦王嬴政统一六国立下了汗马功劳。吴起，曾在楚国主持"吴起变法"。白起，秦国将领，善于用兵，他与廉颇、李牧、王翦并称为战国四大名将。

吴起

小说家

小说家所做的事以记录民间街谈巷语并呈报上级为主，其著作大多已流失。

扁鹊

医家

医家指所有从医的人。代表作为《黄帝内经》《黄帝外经》等。代表人物为扁鹊。他是春秋战国时期的名医，曾三次见生病的蔡桓公，劝其治疗。但是蔡桓公不相信自己有病，断然拒绝了。最后蔡桓公因病入骨髓，体痛而死。

大学

宋代理学的入德之门

曾参的妻子要去集市，她的孩子要跟着一起去，曾参的妻子不同意，孩子就一直哭。她跟孩子说："你先回去，等我回家后杀猪给你吃。"孩子一听有猪肉吃，就高兴地待在了家里。妻子回家后，看到曾参抓来猪准备杀，妻子便阻止他说："我只是和小孩子开开玩笑而已。"曾参说："我们是不能和孩子随便开玩笑的。孩子什么都不懂，他们学习父母的行为，听从父母的教导。如今你欺骗他，就是教他学会欺骗。母亲欺骗孩子，孩子就不会再相信母亲，这不是教育孩子的方法。"说完，曾参就把猪杀掉烹煮了。

　　父母的言行对子女的成长有很大的作用。曾参用自身行动为孩子树立了一个言而有信、诚实待人的榜样。据说《大学》一书便出自曾参之手。曾参是春秋时期鲁国人，著有《大学》《孝经》等书，相传还参与编制了《论语》。曾参是孔子晚年的弟子之一，也是儒家学派的重要代表人物，被后世尊为**"宗圣"**。

　　"大学"原意为王公贵族子弟的学校，也可以说是培养统治者的学校，所以又解释为"大人之学"。《大学》原是《小戴礼记》中的一篇，也是一篇论述儒家人生哲学，讲述统治者治理天下的最根本学问的政治性论文，全文10章，共1546字。北宋程颢、程颐兄弟等将其从《礼记》中抽出，并对其进行加工整理，此后朱熹将其与《中庸》《论语》《孟子》相配，合称为**"四书"**，从此独立成章。

　　关于《大学》的时代和作者，历来有不同的说法。朱熹认为是孔子的弟子曾参所作，近代以来有人认为是思孟学派的作品，也有人认为是秦汉之际荀子后学之作。汉以前，《大学》并没有被十分重视，直至汉武帝时，他倡导"罢黜百家，独尊儒术"，儒学经典才得到了很大尊崇和整理，《大学》也随着《礼记》成为**"五经"**之一而进入了官方的学说和必修典籍之内。

朱熹

典籍百科

四书：《论语》《大学》《中庸》《孟子》

五经：《诗经》《尚书》《礼记》《周易》《春秋》

内容简介

　　北宋二程兄弟称："《大学》，孔氏之遗书，而初学入德之门也。于今可见古人为学次第者，独赖此篇之存，而《论语》《孟子》次之。学者必由是而学焉，则庶乎其不差矣。"对《大学》*"初学入德之门"*的称呼由此而始。南宋期间的大儒朱熹更是继承和发扬了二程的思想，倾其一生心血为《大学》《中庸》《论语》《孟子》作注，撰写成《四书章句集注》，将它列为四书之首。对于《大学》，朱熹可谓是用力甚勤，不过经朱熹注释过的《大学》与《礼记·大学篇》中体现的秦汉儒学偏重为政治民的政治观相比较，更多的是偏重宋代儒学诚意修身的政治观点。朱熹加入了"格物致知"章，朱学思想彰显其中，在一定的意义上，也可以说朱熹所诠释的《大学》是朱学的代表，而非纯孔孟之道的体现。

　　《大学》着重阐述了提高个人修养、培养良好的道德素质与治国平天下之间的重要关系。中心思想可以概括为"修己以安百姓"，并以**三纲领**"明明德、亲民、止于至善"和**八条目**"格物、致知、诚意、正心、修身、齐家、治国、平天下"为主题。

　　《大学》提出的人生观与儒家思想有千丝万缕的联系，基本上是儒家人生观的进一步扩展。这种人生观要求注重个人修养，怀抱积极的奋斗目标，这一修养和要求是以儒家的道德观为主要内涵的。三纲八目又有阶级性，"明德""至善"都是封建主义对君主的政治要求和伦理标准；"格物""致知"等八条目是在修养问题上要求与三纲领中的政治理念和伦理思想相结合。《大学》还继承了孔子的仁政学说与孟子的民本论，从其治国平天下的原则中可以找到这两点存在的痕迹。

大学之道章

大学之道，在明明德，在亲民，在止于至善。知止而后有定，定而后能静，静而后能安，安而后能虑，虑而后能得。物有本末，事有终始。知所先后，则近道矣。

古之欲明明德于天下者，先治其国；欲治其国者，先齐其家；欲齐其家者，先修其身；欲修其身者，先正其心；欲正其心者，先诚其意；欲诚其意者，先致其知；致知在格物。

物格而后知至，知至而后意诚，意诚而后心正，心正而后身修，身修而后家齐，家齐而后国治，国治而后天下平。

自天子以至于庶人，壹是皆以修身为本。其本乱，而末治者否矣。其所厚者薄，而其所薄者厚，未之有也。

精彩译文

大学的宗旨在于标榜善性和美好的德行，在于亲近爱抚民众，在于达到道德修养的最高境界。知道要达到的境界才能志向坚定，志向坚定才能心不妄动，心不妄动才能性情温和，性情温和才能思虑周全，思虑周全才能处事合宜。

语文课堂

格物致知：指研究事物的原理，从而获得知识。

赏析

什么是大学？大学是针对小学而言的，小学是教人掌握文字知识，而大学则是教人如何为人。本章提出的是《大学》中的根本宗旨：三纲领"在明明德，在亲民，在止于至善"，八条目"格物、致知、诚意、正心、修身、齐家、治国、平天下"，这也是整个《大学》的中心思想。

"大学之道，在明明德"，明德是大学之道的根本原则，意思是要求人们标榜善性与良好的德行，如忠、孝、仁、义等这些品质，更要求注重个人的修养，在《大学》的作者看来律己很重要，只有先治好己，才能把别人甚至是国家治理好。"在亲民"则可以说是大学之道的根本任务，"亲"也通"新"，遵循大学之道就是要创造出全新的人，这里所说的新人是从本质上彻底改观的人。大学之道的最终目的是"在止于至善"，人们能够"明明德"，能够"做新民"，最后也就能"至善"，能够明辨是非，能够善恶分明。

那么要如何做才能达到这一最高的境界呢？一、从思想上说明这一点，要"知止而后有定，定而后能静，静而后能安，安而后能虑，虑而后能得"，了解至善的内涵而后再定志向。有了奋斗的目标内心就相对平静了，内心平静，做起事来就能够安定稳当，安稳了就会思虑问题，然后通过周详思量后再做事也就能达到至善的目的了。二、从行动上说明要如何达到至善，提出了"八条目"并详述了这八条之间的关系。八条目实际上也是实施三纲领的八个步骤：先"格物"就是要求我们去推究事物的本来原理，不要被表面现象所蒙蔽，"致知在格物"；再致知，"物格而后知至"，是要求我们求得真正的知识，"欲诚其意者，先致其知"。三、诚意，"知至而后意诚"，就是心意诚实，以真正的诚去追求真理，"欲正其心者，先诚其意"。四、正心，"意诚而后心正"，就是要保持心境的安实，心安才能不为物欲所蒙蔽，才能公正诚明，毫无偏私，"欲修其身者，先正其心"。五、修身，"心正而后身修"，是说自身的道德修养是很重要的，自己品德提高了才被别人所拥护与爱戴，"欲齐其家者，先修其身"。六、齐家，"家齐而后国治"，家庭是一个国家的基本组成要素，家庭齐整而安定关系到一个国家的稳定，"欲治其国者，先齐其家。"七、治国，"国治而后天下平"，国家是天下的重要组成部分，治国就是要以德治而行，国家安定天下就太平了。

"格物"的概念是第一次出现在《大学》中，并且它被放在了八条目中第一的位置，也就是说儒家的伦理概念、政治观点以及哲学基本原理从这开始更加注重实践的重要性，把一些抽象的东西联系到了事实当中，这是儒学的一大进步。

诚意章

所谓诚其意者：毋自欺也。如恶恶臭，如好好色，此之谓自谦。故君子必慎其独也！小人闲居为不善，无所不至，见君子而后厌然，掩其不善，而著其善。人之视己，如见其肺肝然，则何益矣。此谓诚于中，形于外，故君子必慎其独也。曾子曰："十目所视，十手所指，其严乎！"富润屋，德润身，心广体胖，故君子必诚其意。

赏析

本章主要说明在做学问的时候必须做到诚意的道理，如何才能做到诚意而获得真知？那就需要我们在独处的时候也谨慎自持，不要自欺欺人。文中还多处运用了生动的比喻来突出主题，这也是本篇文章的一个亮点。

诚意，就是要我们表里如一，"恶恶臭，好好色"，讨厌的东西就说讨厌，喜欢的东西就说喜欢，"毋自欺"。慎独是一种美德，也是一种堪称圣洁的精神境界，"小人闲居为不善"，"见君子而后厌然"，两相对比，得出的结论是"诚于中，形于外"，做了坏事是掩盖不住的，如果还试图掩盖那无异于掩耳盗铃，曾子的话"十目所视，十手所指，其严乎"更是直接确认了这一点。"富润屋，德润身，心广体胖"，这里比喻有钱人用其钱财来装修他的房子当之无愧，有德人是以道德来充裕其心做到无愧于心，这样心无愧而身体也随之安泰，可见诚意对于一个要安宁的人是多么的重要。

本文都是在说明诚意这一基本信念的重要性，诚意也是八条目中涉及精神境界提高的极其重要的一项行动要求，它上承"格物与致知"，下接"修身、齐家"，根据文中的比喻可以这么说，"诚意者就能成君子，不诚意者便会沦为小人"。事实证明，做得到这一点的人虽不能说都成了历史上有名望的人物，但至少他们是为人高尚且被人尊敬、受这个社会欢迎的人。如果说诚意第一关键的地方是要求我们"毋自欺"的话，那么"慎独"就是能够让我们很好达到诚意的必需功夫。

修身章

所谓修身在正其心者，身有所忿^{zhì}懥，则不得其正；有所恐惧，则不得其正；有所好乐，则不得其正；有所忧患，则不得其正。心不在焉，视而不见，听而不闻，食而不知其味。此谓修身在正其心。

赏析

修身是一切重大行为的开始，因为个人是这个社会的基本元素，必须不断地净化自己，那么这个社会才会有所进步。一个人会有愤恨，会有恐惧，会有好乐，这里所说的身不仅仅是个人身体的身，而更多地扩展到自身的道德品质和修养。有了这些偏私，身就很容易走向歪斜，产生这样不良后果的原因是"心不在焉"，一个人的身体行为是受到这个人的内心思想控制的，所以正如文中所说"修身在正其心"。

从正心这一观点的阐述上，我们可以分析出主观唯心主义的一些痕迹。主观唯心主义思想认为外部的一切条件都是由我心所分化出来的，我心包容一切，所谓"宇宙在我心中，宇宙由我而生"，据文中的描述，"心不在焉，视而不见，听而不闻，食而不知其味"，一切好与不好的外部现象与我们的行动都归咎于我们内心的想法是否善良与正确，这正是符合了这个观点。由是我们不能否定"正心"这一观点的好处，如果进一步提高自己的道德品质，社会环境也将好得多，进步相对也快了。

齐家章

精彩译文

人总看不到自己孩子身上的恶习；总不认为自家禾苗比别家硕壮。指人都是自私和有偏见的，这是人性的弱点。

所谓齐其家在修其身者，人之其所亲爱而辟焉，之其所贱恶而辟焉，之其所畏敬而辟焉，之其所哀矜而辟焉，之其所敖惰而辟焉。故好而知其恶，恶而知其美者，天下鲜矣！故谚有之曰："人莫知其子之恶，莫知其苗之硕。"此谓身不修不可以齐其家。

赏析

本章在上篇《修身章》的基础上，以主观上爱与恶的不同而最终容易产生偏见为例，进一步阐明了齐家与修身之间的关系。

修身是齐家的前提条件，只有自身具有良好而高尚的道德品质，人才会有地位，才会受到众多家庭成员甚至是社会成员的尊重与爱戴，所以身不修何以治家。公正是这种良好而又高尚的道德品质中极其重要的一点，但是"人之其所亲爱而辟焉"，意思是说人们经常会对自己所亲近和喜爱的人过分地偏爱；"之其所贱恶而辟焉，之其所畏敬而辟焉，之其所哀矜而辟焉，之其所敖惰而辟焉"，对于各种各样的人，包括自己所厌恶的、敬畏的、怜悯的、傲视的、怠惰的人都会有不同程度的偏袒，所以那种"好而知其恶，恶而知其美"的人实在是很少，而修身的作用就是要培养有这种能力的人，也就是要培养出这种公正的、善于分辨好坏、一视同仁的品质修养。在一个家庭当中，有长幼之分，有亲疏之别，作为一位治家之人，也只有自己能公正无私，才能博得大家的信任。

本章中选用了一句谚语"人莫知其子之恶，莫知其苗之硕"，再次体现了《大学》全文引用经典、运用比喻、活用对比来突出文章主题这一特点。

治国章

　　所谓治国必先齐其家者，其家不可教而能教人者，无之。故君子不出家而成教于国。孝者，所以事君也；弟者，所以事长也；慈者，所以使众也。《康诰》曰："如保赤子。"心诚求之，虽不中不远矣。未有学养子而后嫁者也，一家仁，一国兴仁；一家让，一国兴让；一人贪戾，一国作乱。其机如此。此谓一言偾事，一人定国。尧、舜帅天下以仁，而民从之；桀纣帅天下以暴，而民从之。其所令反其所好，而民不从。是故君子有诸己而后求诸人，无诸己而后非诸人。所藏乎身不恕，而能喻诸人者，未之有也。故治国在齐其家。

　　《诗》云："桃之夭夭，其叶蓁蓁。之子于归，宜其家人。"宜其家人，而后可以教国人。《诗》云："宜兄宜弟。"宜兄宜弟，而后可以教国人。《诗》云："其仪不忒，正是四国。"其为父子兄弟足法，而后民法之也。此谓治国在齐其家。

语文课堂

弟：同"悌"，指弟弟尊重兄长。

精彩译文

所以君子总是自己先做到了，再去要求别人；自己克服了错误，再要求别人不这样做。

赏析

　　中国原始社会时期，人们需要合作才能处理一些相对较复杂的工作，比如狩猎，所以一个部落经常就是由几个相互间有一定关系的家庭所组成。到了封建社会时期，等级制度森严，封建势力需要扩张，更是将这种家与家之间的关系进一步深化，形成了一个宗法型的社会，家的观念更加重要。

　　本文也不例外，认为治理好国家的基本前提是要先治好小家。"孝者，所以事君也；弟者，所以事长也；慈者，所以使众也"，把属于家庭道德方面的孝、弟、慈三点与事君、事长、使众的治国行动相联系，形象说明小家无小事，大国如小家。还引用了《尚书·康诰》里"如保赤子"这一与家庭有联系的说法比喻君王要有仁爱之心，要体察民情，以达到很好的治国目的。"未有学养子而后嫁者也"这一句是说明做任何事情都要有个先来后到，要按正常的步骤去进行，而不能本末倒置。如果是按前面所说的方法，那么治家的作用就能够达到"一家仁，一国兴仁；一家让，一国兴让；一人贪戾，一国作乱"的效果，真可谓是"一言偾事，一人定国。"既然只是作为家长的个人就能获得如此好的效果，那么作为一个国家家长的君王又该如何做才好呢？本章先是举了尧舜、桀纣正反两个方面对比说明君主表率作用的重要性，强调君子般的君主应当是修德以化民的，其次是进一步强调君王修德的重要性，那就是"君子有诸己而后求诸人，无诸己而后非诸人。"其实在这一部分里，强调的是在治国与治家中人的重要地位。

本章的最后部分引用了《诗经》里的三个经典"宜其家人""宜兄宜弟""其仪不忒，正是四国"来呼应文章开头部分的孝、弟、慈与事君、事长、使众结合的比喻，结果趋向于完整了。

平天下章（节选）

所谓平天下在治其国者，上老老而民兴孝；上长长而民兴弟；上恤孤而民不倍。是以君子有絜矩(xié)之道也。所恶于上，毋以使下；所恶于下，毋以事上；所恶于前，毋以先后；所恶于后，毋以从前；所恶于右，毋以交于左；所恶于左，毋以交于右。此之谓絜矩之道。

《诗》云："乐只君子，民之父母。"民之所好好之，民之所恶恶之，此之谓民之父母。《诗》云："节彼南山，维石岩岩。赫赫师尹，民具尔瞻。"有国者不可以不慎，辟则为天下僇(lù)矣！《诗》云："殷之未丧师，克配上帝。仪监于殷，峻命不易。"道得众则得国，失众则失国。是故君子先慎乎德。有德此有人，有人此有土，有土此有财，有财此有用。德者，本也；财者，末也。外本内末，争民施夺。是故财聚则民散，财散则民聚。是故言悖而出者，亦悖而入；货悖而入者，亦悖而出。

赏析

本文以与民同好恶，领导者任用贤才，不为财利而失德几个方面为例，经过多方面、多视角的观察，论述了治国和平天下之间的关系与道理。

"上老老而民兴孝"即以孝为开篇引导，"老老，长长，恤孤"这些都是仁孝的表现，并指出"君子有矩之道"。治国要以仁孝为本，君王要先存仁孝之心，兴仁孝于天下，以己之心去度人。这里的君子是指君王，用一个"上"指在上位的人，如果在上位的人能够孝敬老人，尊重长辈，体恤孤幼，那么百姓自然就会以他为榜样孝敬自己的父母，爱护自己的同辈，帮助孤幼的人。那么矩之道指的是什么呢？"所恶于上，毋以使下；所恶于下，毋以事上"，如果你厌恶你上级的行为，那么作为别人上级的你就不要以这样的行为来对待下级；如果你厌恶下级的行为，那么作为别人下级的你就不要以这样的行为来侍奉上级。总结出来，君子的矩之道就是以己之心度人，以自己真实的想法与行动去对待别人。这种以己心度人的方式是一种美德，真正能将心比心，从自己的经历来设身处地地为别人着想，从中显示了一个人宽容、体谅的情怀，己所不欲，勿施于人。

在接下来的叙述中，分别引用了《诗经》《尚书》中的名句来论述治国者应有的思想品格和道德素质，文章剩下的文字理论性较强，基本上是论述治国平天下的政治原则与经济原则。

中庸

儒家道德的坚实根基

孔子到鲁桓公的庙堂上参观，见到一种倾斜易覆的器皿。孔子问看守庙宇的人："这是什么器皿？"守庙的人回答说：这是欹器，放在座右，用来警诫自己。"孔子说："我听说这样的器皿，空着时会倾斜，装了一半水就会端正，装满水了就会翻倒。"孔子回头对学生说："往里面灌水吧。"他的学生提水来灌，倒了一半水时器具就端正了，装满了水后器具就翻倒了，倒空了水它又倾斜了。孔子感慨地说："唉，怎么会有满了而不翻倒的呢？"

子路疑惑，进一步向孔子问道："敢问夫子，要保持满而不覆的状态，有什么办法吗？"孔子回答说："聪明睿智而能自安于愚，功盖天下而能谦让自持，勇力足以震撼世界却能守之以怯懦，拥有四海的财富，但能谦逊自守，这是所说的谦抑再加谦抑的方法啊！"

这种器皿也叫宥坐之器，常常放在座位右边起到告诫自己的作用，也是"座右铭"的由来。而这次经历也让孔子感悟到了"中庸之道"，即"君子中庸，小人反中庸。君子之中庸者也，君子而时中。小人之中庸者也，小人而无忌惮也。"也成为《中庸》一书的主要哲学思想，构成儒家文化的重要组成部分。

　　《中庸》和《大学》一样，也是谈儒家人生哲学的文章。全文三十三章，比《大学》长得多，内容也丰富得多。原为《小戴礼记》中的一篇，论述了儒家的哲学人生观，可以说是儒家学说思想理论的基础，也是最早所作、最为精密的一篇哲学论文。因其以孔子为代表的讨论天道与生命的哲学思想在这里有个转折，最后直接导致了思孟学派的心性哲学的形成，所以历代学者对它都尤为重视。

　　《中庸》的作者，相传是孔子的学生曾子所传，由子思"笔之于书以授孟子"。根据《汉书·艺文志》中录有《中庸说》两篇，可以推断出，早在西汉时就有学者专门研究《中庸》学说了。到了南北朝时宋散骑常侍戴颙著有《礼记·中庸传》两卷，说明《中庸》一直被关注，南朝梁武帝时（公元502—548年）有《中庸讲疏》一卷，《中庸》已另行单出。唐中叶时期的李翱著有《复性书》，根据《中庸》思想，意图再建立起一套新的儒家理论。经过了唐朝文艺开放的宋代更加崇尚儒学，南宋朱熹将它与《大学》《论语》《孟子》合并称为"四书"，并为它们专门作注。朱熹更是把它的理论作为自己的思想体系。宋以后被用为开科考试、选拔政府官员的重要教科书，对后世的影响极其深远。

内容简介

《中庸》是儒家阐述"中庸之道",并提出人性修养的教育理论著作。郑玄注:"中庸者,以其记中和之为用也;庸,用也。孔子之孙子思作之,以昭明圣祖之德也。"

《中庸》一书的主要思想,在于论述不要太过张扬,要恰到好处,所谓"中庸"的为人处世的道理。《中庸》强调了中庸之道的重要性,同时还提出,要实行"中庸之道",必须尊重天赋的本性,通过后天的学习,即《中庸》所说的"天命之谓性,率性之谓道,修道之谓教。""天命之谓性",是说人性是由天赋予的。"率性之谓道",是说人性是善的,循着这种天性而行就合于道。教,就是后天的教化,教之到家,则修己以化人,使得道就自然而明了。教育的作用就在于治儒家之道,所以说"修道之谓教"。实行"中庸之道"既是率性问题,也是修道的问题,这是发展了孔子"内省"和曾子"自省"的教育思想。《中庸》要人们贯彻孔门相传的"忠恕之道",说:"忠恕违道不远,施诸己而不愿,亦勿施于人。"正是孔子"己所不欲,勿施于人"思想的发挥,要求在处理人与人的关系上合于"中庸之道"。

《中庸》又提出了有德之人必须好"三达德",实行"五达道",才能达到"中庸"的境界。《中庸》还阐述了学习程序,并强调"择善而固执之"的勤奋不懈精神。它说"博学之,审问之,慎思之,明辨之,笃行之",这是为学必有的过程。在教育上它所提出的为学程序与顽强的学习精神,至今仍有借鉴意义。

率性之谓道

精彩译文

人们的喜怒哀乐等情绪没有表露出来的时候无所偏向，叫作中；表现出来以后符合法度，叫作和。中，是天下万事万物的根本；和，是天下共行的普遍标准。达到"中""和"的境界，那么，天地一切都各安其所，万物也都各遂其生了。

天命之谓性，率性之谓道，修道之谓教。道也者，不可须臾离也，可离非道也。是故君子戒慎乎其所不睹，恐惧乎其所不闻。莫见乎隐，莫显乎微，故君子慎其独也。喜怒哀乐之未发，谓之中；发而皆中节，谓之和。中也者，天下之大本也；和也者，天下之达道也。致中和，天地位焉，万物育焉。

仲尼曰："君子中庸，小人反中庸。君子之中庸也，君子而时中；小人之中庸也，小人而无忌惮也。"

子曰："中庸其至矣乎！民鲜能久矣！"

子曰："道之不行也，我知之矣：知者过之，愚者不及也。道之不明也，我知之矣：贤者过之，不肖者不及也。人莫不饮食也，鲜能知味也。"

子曰："道其不行矣夫！"

子曰："舜其大知也与！舜好问而好察迩言，隐恶而扬善，执其两端，用其中于民，其斯以为舜乎！"

子曰："人皆曰予知，驱而纳诸罟擭陷阱之中，而莫之知辟也。人皆曰予知，择乎中庸而不能期月守也。"

子曰："回之为人也，择乎中庸，得一善，则拳拳服膺而弗失之矣。"

子曰："天下国家可均也，爵禄可辞也，白刃可蹈
也，中庸不可能也。"

赏析

本文总体论述了道与中庸两个概念，首先，开篇就说出了性、道、教三者
的关系："天命之谓性，率性之谓道，修道之谓教。"这里所说的道就是指中庸
之道，先从哲学的角度上分析，而且还加之与天合一的说法，体现了儒家的宇宙
观，为以下中庸之道奠定了本体论的基础，又把道与本性、人性相联系，再次体
现了儒家的宇宙观。其次，从文中"喜怒哀乐之未发，谓之中；发而皆中节，谓
之和"可以看出中庸的基本概念就是"中和"，世界、本心、人性都要适宜、恰
当。最后，指出中庸也是无过无不及，"知者过之，愚者不及也"，"贤者过
之，不肖者不及也"，表示中庸除了要适度外，也有一定的认识与行为上的误
区，意思是说智者、贤者由于个人的主观上的过度自信往往会过头；而愚者、不
贤者又由于智商与人格上的不及常常又达不到中庸的基本要求与标准。所以引出
了本文的第二个大问题，就是中庸之道的难行。

中庸是一种执两用中的方法论，为了保持平衡，是要遵循一定的法则而行的。
但是人性是有弱点的，再加之人与人认识上的差异，人们很容易落入行为与认识的
陷阱中，正如"君子中庸，小人反中庸"，贤者与愚者的不同，所以中庸之道"民
鲜能久矣"。孔子用了一个比兴的手法又来感叹中庸之道的难行："人皆曰予知，
驱而纳诸罟擭陷阱之中，而莫之知辟也。人皆曰予知，择乎中庸，而不能期月守
也。"意思是说人们都说"我是明智的"，但是如果将他驱赶到祸机四伏的罗网、
木笼或是陷阱中去，却不知道如何躲避。人们常说"我是明智的"，但是选择了中
庸之道却不能坚持一个月。与以上说舜帝的大知相比较，这就是一个反面的例子，
一正一反，在跌宕起伏中告诫人们中庸之道的不易，也使得文章更为生动。

本文是《中庸》的开篇第一章，对于中庸之道有一个大致的论述，对于以后
理解中庸更为理论性的东西有一个指引的作用。

诚者天之道（节选）

哀公问政。子曰："文武之政，布在方策。其人存，则其政举；其人亡，则其政息。人道敏政，地道敏树。夫政也者，蒲卢也。故为政在人，取人以身，修身以道，修道以仁。仁者，人也，亲亲为大。义者，宜也，尊贤为大。亲亲之杀，尊贤之等，礼所生也。（在下位不获乎上，民不可得而治矣。）故君子不可以不修身。思修身，不可以不事亲；思事亲，不可以不知人；思知人，不可以不知天。"

天下之达道五，所以行之者三。曰君臣也，父子也，夫妇也，昆弟也，朋友之交也：五者，天下之达道也。知、仁、勇三者，天下之达德也，所以行之者一也。或生而知之，或学而知之，或困而知之，及其知之一也。或安而行之，或利而行之，或勉强而行之，及其成功一也。子曰："好学近乎知，力行近乎仁，知耻近乎勇。知斯三者，则知所以修身；知所以修身，则知所以治人；知所以治人，则知所以治天下国家矣。"

……

凡事豫则立，不豫则废。言前定则不跲^{jiá}，事前定则不困，行前定则不疚，道前定则不穷。

在下位不获乎上，民不可得而治矣。获乎上有道：不信乎朋友，不获乎上矣。信乎朋友有道：不顺乎亲，不信乎朋友矣。顺乎亲有道：反诸身不诚，不顺乎亲矣。诚身有道：不明乎善，不诚乎身矣。

诚者，天之道也；诚之者，人之道也。诚者，不勉而中，不思而得，从容中道，圣人也。诚之者，择善而固执之者也。博学之，审问之，慎思之，明辨之，笃行之。有弗学，学之弗能弗措也；有弗问，问之弗知弗措也；有弗思，思之弗得弗措也；有弗辨，辨之弗明弗措也；有弗行，行之弗笃弗措也。人一能之，己百之；人十能之，己千之。果能此道矣，虽愚必明，虽柔必强。

赏析

本文从论述儒家的政治哲学开始，最终道出了《中庸》的整体核心观点：诚。

《中庸》在把"仁"的概念定义为一种和谐的道德规范的同时，也进一步在孔子的"行笃敬"思想的基础上发展地认为：诚挚的情感是要通过行为表现的，"仁"不应当只是一种感情，而应当是在巨大的精神动力下坚持不懈的一种行为。这里的一个"力行"就把要如何行动以及行动的程度表达了出来，力行就是要用心用力去行动，真心诚意地、永不停歇地去追求。这段话也有一个承上启下的作用，直接把中心转向了核心观念——诚。

"诚者，天之道也"说明诚本身是一种自然的法则，天理之本然，这也是一种本体论，属于哲学的理论。"诚之者，人之道也"，这又说明"诚之者"是一种人的行为，两者也就是天道与人道。不过，无论是行"君臣也，父子也，夫妇也，昆弟也，朋友之交也"的"五道"以达智、仁、勇三者也好，还是贯彻"修身也，尊贤也，亲亲也，敬大臣也，体群臣也，子庶民也，来百工也，柔远人也，怀诸侯也"治理国家的九经也罢，根据《中庸》的解释，我们都应该是"择善而固执之者"。不仅仅是要"博学之，审问之，慎思之，明辨之，笃行之"而得出诚的概念，还必须遵行天道，也就是实现"诚者"与"诚之者"的结合，天道与人道的融洽，既要尊重自然的规则，又要极大发挥人的主观能动性，达到所谓的天人合一，这也是诚的最高境界。达到了这一级别，自然也就"虽愚必明，虽柔必强"。

> **语文课堂**
>
> **博学：** 学习要广泛涉猎。
>
> **审问：** 要有针对性地提问请教。
>
> **慎思：** 学会周全地思考。
>
> **明辨：** 形成清晰的判断力。
>
> **笃行：** 用学习得来的知识和思想指导实践。

兵家制胜的哲学宝典

孙子兵法

孙武是春秋末期的齐国人，年轻时期对古代军事典籍《军政》有过研究。因为战乱频发，孙武南下离开家乡来到吴国，遇到了避难而来的伍子胥，二人成了好朋友。

吴王阖闾 (hé lǚ) 非常重视孙武的军事才能，于是命他将宫女训练成一支队伍。孙武将宫女分为两队，任命吴王最宠爱的两名妃子作为队长，由她们监督训练。刚开始大家都嬉笑打闹乱作一团，无人听从指挥，孙武十分生气，下令斩杀两位妃子。即便吴王为她们求情，也没能改变孙武的想法。见到这番场景，宫女不敢怠慢，开始严肃认真地训练，如同正规军一般，吴王也看到了孙武的能力，将其封为大将。

在孙武的鼎力相助下，吴军西破强楚，攻入楚国国都；北威齐晋，名显诸侯。但吴王称霸后，疏于朝政，沉迷于酒色享乐，还将直言进谏的伍子胥赐死。孙武兔死狐悲，隐居姑苏城郊种田，编写了《孙子兵法》。这本书从问世以来，就对中国古代的军事发展产生了重要而深远的影响，该书也被尊为世界第一兵书，是兵学经典之首，孙武也被誉为"兵圣"。

成书背景

东汉时期，曹操第一个对《孙子兵法》进行了比较系统的注解，为后人研究和运用《孙子兵法》提供了极大的帮助。《孙子兵法》不仅在中国具有影响力，在世界上也有极大的影响力。8世纪时，《孙子兵法》传入了日本、朝鲜；18世纪，《孙子兵法》传入了欧洲。如今，《孙子兵法》已经被翻译成了29种文字，在全球各地广为流传，与普鲁士的军事理论家克劳塞维茨的《战争论》并称为最伟大的军事著作。英国的著名军事理论家利德尔·哈特曾对人说，自己在军事著作中所讲述的观点，实际上可以在2500年前的《孙子兵法》中找到。

1972年在山东临沂银雀山汉墓出土的竹书《孙子兵法》是迄今为止最早的传世本，可惜的是它仅仅是残简，不能够窥其全貌。现存重要的版本为南宋宁宗时所刻《十一家注孙子》，宋刻与宋抄《武经七书》，其中，宋本《十一家注孙子》经过清代孙星衍校定考辨之后，成了近世流传最广，影响最大，最为实用的读本。

内容简介

《孙子兵法》共13篇，依次是：计篇、作战篇、谋攻篇、形篇、势篇、虚实篇、军争篇、九变篇、行军篇、地形篇、九地篇、火攻篇和用间篇。在这13篇里，"**知彼知己，百战不殆**"这一思想贯穿始终，系统论述了作战方针、作战形式、作战指导原则等。思想精彩丰富，逻辑缜密严谨，令人为之赞叹和折服。

《孙子兵法》每篇短小精悍，回味无穷。始于计篇，终于用间篇，通过"舍事言理"的叙述方式，把战争中的计与战、力与智、利与害、全与破、迂与直、数与胜等相互联结又冲突的辩证关系分析得鞭辟入里。同时也留下了非常多脍炙人口的兵法名言，比如"知彼知己者，百战不殆""攻其不备，出其不意""不战而屈人之兵"等等，成了家喻户晓、人人皆知的名言名句，作为一部兵书，不仅展现了兵法的凝练简要，也透露出了无穷的哲理之光。

《孙子兵法》被誉为"兵家圣典"，其作者孙武也因此被人奉为"兵圣"。孙武对战争的理解无疑是非常深刻的，甚至已经超越了他所在的时代，达到了一个无人能及的高度。《孙子兵法》已经不再是简单意义上的军事著作，而成为政治、经济、文化等各个领域的必读典籍。

名篇选读

计篇第一

孙子曰：兵者，国之大事，死生之地，存亡之道，不可不察也。

故经之以五事，校之以计，而索其情：一曰道，二曰天，三曰地，四曰将，五曰法。道者，令民与上同意也，故可以与之死，可以与之生，而不畏危；天者，阴阳、寒暑、时制也；地者，远近、险易、广狭、死生也；将者，智、信、仁、勇、严也；法者，曲制、官道、主用也。凡此五者，将莫不闻，知之者胜，不知之者不胜。故校之以计，而索其情。曰：主孰有道？将孰有能？天地孰得？法令孰行？兵众孰强？士卒孰练？赏罚孰明？吾以此知胜负矣。将听吾计，用之必胜，留之；将不听吾计，用之必败，去之。

计利以听，乃为之势，以佐其外。势者，因利而制权也。兵者，诡道也。故能而示之不能，用而示之不用，近而示之远，远而示之近。利而诱之，乱而取之，实而备之，强而避之，怒而挠之，卑而骄之，佚而劳之，亲而离之，攻其无备，出其不意。此兵家之胜，不可先传也。

夫未战而庙算胜者，得算多也；未战而庙算不胜者，得算少也。多算胜，少算不胜，而况于无算乎！吾以此观之，胜负见矣。

赏析

本篇是《孙子兵法》的首篇，具有提纲挈领的作用。其核心有两点：一是战争与计谋的重要性，提出了"兵者，国之大事"和"多算胜少算"的名言；二是战争中取胜的必要条件，以"五事"来估算战争中胜利的概率，即一是"道"，二是"天"，三是"地"，四是"将"，五是"法"；以"十二诡道"作为实际作战中的指挥原则。

晋、楚鄢陵之战

春秋中期，诸侯国之间的争霸战争主要在晋、楚两个大国之间进行，其他各大小诸侯国纷纷依附于这两个国家参与到混战中来。两国之间的大型的争霸战共有三场：城濮之战、邲之战及鄢陵之战。在前两次战斗中，晋、楚两国各有胜负，因此，第三次的鄢陵之战成为决定两国胜负的决胜局。

周简王十一年（公元前575年），楚国诱使郑国叛晋归楚，并唆使郑国进攻晋国的盟友宋国。郑国的所作所为，显然是对当时诸侯合兵盟约的挑衅，而且也是为楚国势力北上打头阵，对此晋国自然不能坐视不理。五月，晋厉公任命栾书为中军帅，与齐、鲁、卫等国联合讨郑。楚共王听说晋国出兵，自然也不甘示弱，亲自统率楚军及盟国部队，以司马子反为中军帅，迅速北上救援郑国，两军在鄢陵地区（今河南鄢陵西南）相遇。

　　当时晋国的盟军齐、鲁、卫还在开赴鄢陵的路上，没来得及与晋军会合。为此，楚军统帅分析了一下当时的形势，认为晋国盟军还未到达，必不敢跟楚军进行交战，于是决定先集中优势兵力击破晋军，以掌握军事上的主动权。

　　当时正是农历六月二十九，恰值古代兵法上忌讳的晦日，但是楚军还是于凌晨利用大雾为掩护，快速逼近晋军营垒，希望能够与晋军速战速决。

　　当楚军突然逼近的时候，晋军兵吏一片恐慌，加上晋营前面有一大片泥沼，兵车无法出营列阵，情势对晋军相当不利。于是，在晋军中出现了两种意见，中军将军栾书主张固守阵地，以待援军到来，他认为"楚师轻佻，固垒而待之，三日必退。退而击之，必获胜焉"。而新军统帅郤至却持反对意见。他指出楚军有很多致命弱点，这些弱点都表现出楚军希望速战求胜，士气骄纵。一旦战斗开始，如此杂乱无章的部队必然会互相观望，失去斗志，如果晋军趁这个机会发动进攻，一定能够后发制人，将其击败。

　　晋厉公采纳了郤至的意见，改变了先前防御的策略，在营垒中填平井灶，扩大列阵的空间，调动三军将士积极列阵迎敌。

　　两军对阵之际，双方都进行了战场侦察活动，晋厉公也在楚国旧臣苗贲皇的陪同下，侦察楚军的动静。苗贲皇对楚军情况比较熟悉，他向晋厉公建议道：楚军的精锐集中在中军的王族部队，晋军据此应该先以精锐部队分击楚的左、右军，得手后，再合军集中攻击楚中军，这样一定能大败楚军。

　　晋厉公和栾书立即采纳了苗贲皇的意见，据此对三军做出调动，加强左右两翼的兵力，由其分攻楚军中薄弱的左、右军，然后再围歼楚中军。

　　楚共王未能判明晋军的作战意图，见晋中军兵力薄弱，马上率中军全力攻打，结果遭到顽强抗击。晋将魏锜更是张弓射伤楚共王的眼睛，这一消息很快传遍楚军，使得人心浮动。而晋军则借势猛攻楚左、右两军，将其逼到不便通行的地方，令其更加被动。双方从清晨一直打到夜色降临，还未能分出胜负，但楚军损失惨重，公子茂也成了晋军的俘虏。楚共王只得收兵，决定次日再战。

当天夜里，楚军积极救护伤兵，补充战斗力，准备明日再战，而晋军方面也做出积极应对措施，秣马厉兵，准备来日再一决胜负。楚共王听到晋军备战的消息，心里不安，急忙召见子反商量对策。但这时子反却因喝醉了酒而无法应召。楚共王见统帅如此，不禁心灰意懒，自料再战也占不到什么便宜，于是率军离去。

次日，晋军胜利进占楚军营地，在那里休整三天后凯旋。鄢陵之战，就以晋军的胜利而结束了。直到战争结束，鲁、卫两国都未发一兵一卒，晋军在回师的时候，齐国的盟军方才赶到。

谋攻篇第三

孙子曰：凡用兵之法，全国为上，破国次之；全军为上，破军次之；全旅为上，破旅次之；全卒为上，破卒次之；全伍为上，破伍次之。是故百战百胜，非善之善者也；不战而屈人之兵，善之善者也。

故上兵伐谋，其次伐交，其次伐兵，其下攻城。攻城之法，为不得已。修橹轒辒（fén yūn），具器械，三月而后成；距闉（yīn），又三月而后已。将不胜其忿而蚁附之，杀士三分之一，而城不拔者，此攻之灾也。

故善用兵者，屈人之兵而非战也，拔人之城而非攻也，毁人之国而非久也，必以全争于天下，故兵不顿而利可全，此谋攻之法也。

精彩译文
所以，百战百胜，不是用兵策略中最高明的；不用武力进攻就能降服全体敌人，才是最高明的。

145

故用兵之法，十则围之，五则攻之，倍则分之，敌则能战之，少则能逃之，不若则能避之。故小敌之坚，大敌之擒也。

夫将者，国之辅也。辅周则国必强，辅隙则国必弱。

故君之所以患于军者三：不知军之不可以进，而谓之进，不知军之不可以退，而谓之退，是谓縻军；不知三军之事，而同三军之政，则军士惑矣；不知三军之权，而同三军之任，则军士疑矣。三军既惑且疑，则诸侯之难至矣，是谓乱军引胜。

故知胜有五：知可以战与不可以战者胜，识众寡之用者胜，上下同欲者胜，以虞待不虞者胜，将能而君不御者胜。此五者，知胜之道也。

故曰：知彼知己者，百战不殆；不知彼而知己，一胜一负；不知彼不知己，每战必败。

赏析

本篇贯穿着一条"全胜"的战略思想原则，如何取得最完美的胜利，是每一个军事家都要思考的问题。在孙子看来，"不战而屈人之兵"是最好的战略，要实现这一点，必须有好的谋略。同样，胜利还源自对敌人和自身优、缺点的正确认识和把握，做到这两个方面，胜利就指日可待了。

韩信奇谋攻赵降燕

秦末农民起义推翻了秦二世的暴政统治，但是为了争取最后的统治权，农民起义军中实力最强的两个领袖——项羽和刘邦之间爆发了长达四年之久的楚汉战争。韩信是刘邦手下最能征善战的将领，用兵极为灵活多变。为了牵制项羽，韩信出兵仅花了四个月就灭掉了魏国、代国，越过太行山，进逼赵国。

　　赵王歇和赵军统帅成安君陈余率领二十万兵马集结在井陉口，准备抗击汉军。成安君陈余是一个书呆子，他认为正义之师不用奇谋诡计，于是未采用李左车的建议。韩信大胆地引兵前进，在离井陉口15千米的地方驻扎下来，半夜时挑选两千轻骑兵，让他们每人手持一面红旗，从小路来到山坡上伪装隐蔽起来，并告诫将士：赵军见我军出击，一定会倾巢出动，到时你们就趁机迅速冲入赵军营地，拔掉赵国旗帜，插上汉军红旗。

　　凌晨，韩信命令副将传令："今天打败赵军之后会餐。"韩信派一万人为先头部队，背靠河水摆开阵势。天刚亮，韩信就拉起了大将军的旗帜，奏起了仪仗鼓乐，击鼓进军。赵军果然中计，倾巢出动迎战。战斗持续一段时间之后，韩信、张耳佯装不敌，丢旗弃鼓而逃，引得赵军追击。这时，韩信所预先埋伏的两千轻骑兵等赵军倾巢而出追击汉军、争夺战利品的时候，杀入赵军营垒，拔掉赵军旗帜，更换上汉军旗帜。等赵军准备退回的时候，却见营中遍插汉军旗帜，以为中了调虎离山之计，阵势大乱，四散奔逃，形势急转直下，占有绝对优势的赵军很快便溃不成军，被汉军两面夹击，一败涂地，陈余被斩杀，赵王歇被活捉。

　　破赵之后，韩信下令军中不许杀李左车，有能生擒者奖赏千金。几天后，李左车被押送到韩信面前。韩信一见李左车，立即上前亲自为他松绑，并请他坐在上座，自己立在一旁，以徒弟对待老师的态度来对待他。然后韩信向李左车请教攻打燕国和齐国的计策，李左车非常惭愧地说："败军之将，不可言勇；亡国之人，不敢再谈论政治。我现在是将军的俘虏，哪有资格让您弯下腰询问国家大事呢？"

　　韩信说："从前百里奚住在虞国的时候，虞国灭亡，之后秦国重用了他，从此强大了起来。这并不是因为他在虞国时愚蠢，到秦国就变聪明起来了，而是在于国君是否重用他，是否采纳他的意见。今天您就像百里奚一样，如果陈余当初采纳了您的计策，我恐怕早已是您的俘虏了。我是诚心向您请教的，请您不要推辞。"

　　李左车这才不再推辞，为韩信出谋划策，让他用一纸书信便顺利拿下了燕国。

菜根谭

出世入世的人生法则

洪应明，明朝万历年间人，曾居住在南京秦淮河一带。他所居住的地方，土质很差，农民种的蔬菜长势也不好，收成很差，生活很苦。农民将自己种的蔬菜拿到集市上去卖，菜根不仅压秤，还味道苦涩，买的人一般会去掉菜根再称，这样一来农民赚的就更少了。洪应明当时的生活非常清苦，看到菜根被大把地丢掉感觉很可惜，想取回家，但又不想亏欠别人什么，于是给一点钱将菜根买走。时间长了，当地人都称洪应明为**"傻菜根"**。

他的友人于孔兼去拜访他，洪应明用菜根咸菜和米粥相待。于孔兼尝后觉得非常好吃，便问他是怎么做的。洪应明说，"我的菜根之所以好吃，是因为我知道，美味急不得。我先将菜根用盐腌制，发酵一年后，去除菜根的苦涩，逼出菜根的香气。然后再用水去除菜根中的盐，在太阳下晾晒三日，让菜根更有嚼劲儿。最后，菜根佐以花椒等香料，再腌制七日，才能端上饭桌。"

"性定菜根香"，菜根本来是被丢弃的东西，而洪应明却将其做成了好吃的咸菜，恐怕只有心性淡泊沉静至此的人，才能领会其中的真味。而他的《菜根谭》，最后以菜根命名，也正是缘于这一特殊的经历。

《菜根谭》成书于明代万历年间。明清时期，社会的政治、文化、经济、思想等各个方面都发生了巨大变化，正统理学遭到怀疑和瓦解，上层士大夫的主流文化开始向"百姓日用之学"发展，即通过通俗的儒家观念，结合道家、佛家的思想，来规范和引导民众的道德意识和行为。这一现象反映在自宋代以来的善书传统中，《菜根谭》就是其中一本。

善书是规劝人们行善止恶的通俗读物，主要由乡绅和士人阶层撰写，《菜根谭》的作者洪应明，就是一位归隐的士人。他因受到东林党人的迫害，长期生活在民间，饱尝仕途艰险和人间疾苦，深入了解了民众的心理和需求。他创作的《菜根谭》将传统道德价值和伦理原则推演为民众的生活典范，为民众提供生活经验和智慧，成为一本面向广大民众的劝善之书。

《菜根谭》因其口语化、通俗易懂、形式活泼、引人入胜的特点，400多年来广为流传，历久不衰，也让传统的儒佛道伦理变得生活化、通俗化、大众化，深入国民内心和生活。

《菜根谭》又名《处世修养篇》，是明末清言小品中最著名、影响最大的书。《菜根谭》一名据说取自汪信民的话。朱熹《小学》善行第六章末说道："汪信民尝云：'人常咬得菜根，则百事可做。'胡康侯闻之，击节叹赏。"汪信民的意思是，能够顽强地适应贫困生活者，凡事必定能有所成就。《菜根谭》

一书不是简单地解读传统经典思想和文化，也不是简单地再现当时的世俗生活，而是二者的结合，注重一般老百姓的实际价值取向。

《菜根谭》不囿于一家之见，而熔儒、释、道三家思想于一炉，以儒家的入世思想为经，佛家的出世思想与道家的清静无为思想为纬，从提高人的素质和品位入手，提出了一套完整的做人、处世、修身、养性的方法体系。其语言精警、文辞隽永、含义深邃、易懂好记。正是因为《菜根谭》中的这种智慧，使其有别于那些消极避世、空疏玄谈的劝诫箴言书；也正是因为不同时代、不同国别、不同阶层的人都能从中嚼出一番滋味来，所以使得此书能够流传海内外，被更多的人品鉴。

名篇选读

天道忌盈　业不求满

事事要留个"有余不尽"的意思，便造物不能忌我，鬼神不能损我。若业必求满，功必求盈者，不生内变，必招外忧。

赏析

俗话说："利不可赚尽，福不可享尽，势不可用尽。"就是让我们做任何事情都要留有余地，适可而止。

做事求全求美，这本身并没有错。只要清楚地知道物极必反、盈满则亏这个道理，就无须为一时的不够完美而懊恼。人生在世就是这样，有上坡就会有下坡，有高峰就必然有低谷，事情到了一定的限度必然会发生质的变化。所以，我们可以追求完美，但不能要求一定达到完美，凡事不可太过强求。

做人也不可太过固执。在现实生活中，我们总免不了会因为种种原因受到别人有意或无意的伤害。如果真遇到这种事情，没必要太理直气壮地把人逼得毫无退路。俗话说："饶人一条路，伤人一堵墙。"我们在为别人留下余地时，也就为自己留下了一条后路。这个世界上，没有什么是不变的。不给别人留余地，一旦事情有变，就会使自己陷于难堪的境地。

杀气寒薄　和气福厚

天地之气，暖则生，寒则杀。故性气清冷者，受享亦凉薄。惟气和暖心之人，其福亦厚，其泽亦长。

赏析

中国古代文化传统衍生出了一支特殊的知识分子队伍"清流"（清议之士）。他们形成了一种古怪的"清高"风气。这些人性情多褊狭刁刻，却浑然不觉。人都叹"好高人愈妒，过洁世同嫌"。这些人以性情论，当然难说福分，与社会不讲和，自难享受世俗之乐。最不好办的是他们以此自傲，视此为荣，实不知早悖逆了天地正则。

亲善防谮　除恶守密

善人未能急亲，不宜预扬，恐来谮谮之奸；恶人未能轻去，不宜先发，恐招媒孽之祸。

赏析

交人全在水到渠成。君子之交，爱好、情趣、学识只要相投，自成挚友，事先张扬，恐生逆悖。除恶尤其在乎水到渠成，注意技巧。如清末太监安德海，宫中朝中无不恨其骄横，然皆不动声色，让其自演，终借山东巡抚丁宝桢之手诛之。若事先张扬，以安德海之奸，必成大祸。生活中交友除恶，无不应考虑及此。

一念一行　都宜慎重

有一念而犯鬼神之禁，一言而伤天地之和，一事而酿子孙之祸者，最宜切戒。

赏析

孔子曾说："言出乎身，加乎民；行发乎迩，见乎远。"意思是说话出于自己口中，影响的却是别人；而自己现在的行为，影响却会很久远。又说："言行，君子之枢机；枢机之发，荣辱之主也。言行，君子之所以动天地也，可不慎乎？"意思是说言与行是君子的关键，关键一旦发动，是荣是辱就定下来了，所以君子要谨言慎行。

据《左传》记载，春秋时期郑国攻宋，宋国将领华元为鼓舞士气，下令宰羊犒劳三军，却忘了给为自己赶车的羊斟吃肉。结果第二天尚未开战，羊斟就驾着战车冲向敌阵，把华元作为俘虏交给了郑国军队。华元问羊斟为什么要这样做，羊斟就说："前天喝羊肉汤你做主，今天驾车我做主。"就这样，一碗羊肉便决定了一场战事的胜负。所以说，有时候一言一行稍有不慎，就可能导致王图霸业自毁，国政家政俱亡。

喜忧安危　勿介于心

毋忧拂意，毋喜快心，毋恃久安，毋惮初难。

世上的事，总是在不断变化。称心如意，生活安定，当然值得喜悦，但事物总处于变化中，快乐和安居是相对的、一时的。因安逸而失去奋进之心，不日之后，反而会感到事业不利，心情不畅。反过来，不要无谓地忧愁烦恼，因为失意是得意的基础，失意之极端形式为入"死地"，尚有"置之于死地而后生"之希望。在人生道路上，只要你像蜗牛爬山一般步步辛苦前进，不惧困难，不怕艰险，就能有所收获。

云去月现　尘拂镜明

水不波则自定，鉴不翳则自明。故心无可清，去其混之者而清自现；乐不必寻，去其苦之者而乐自存。

赏析

六祖惠能有一偈语，直对神秀的渐修禅法而发："菩提本无树，明镜亦非台，本来无一物，何处惹尘埃。"儒家思想也认为："人之初，性本善。"人类的一切痛苦烦恼都出自邪恶杂念，而这种邪恶杂念非本心所有，只因意志不坚使其如蝇如蚁般涌来，"天下本无事，庸人自扰之"，去除的办法很简单，拿出定力，说放下便放下，"自心净则佛土净"。

良药苦口　忠言逆耳

耳中常闻逆耳之言，心中常有拂心之事，才是进德修行的砥石。若言言悦耳，事事快心，便把此生埋在鸩毒中矣。

赏析

俗话说："良药苦口利于病，忠言逆耳利于行。"意思是说好药虽苦却有利于治病，善言虽不太动听却有利于人们改正自身缺点。话有顺耳、逆耳之分。一般而言，表扬、赞许、中听的话顺耳，听着舒服；挑剔、批评、不中听，但却具有真知灼见的话逆耳，听着就不舒服。能否听进逆耳之言，是判别一个人能否正确认识和对待自己的标志。积极追求上进的人对于己有利的逆耳之言会耐心听取，从而不断改进自身的缺点和不足。相反，只喜欢赞美之辞、不好逆耳之言的人，就是堵死了自己的上进之路。当然，忠言逆耳是对受言者说的。就进言者来说，忠言不一定非得逆耳。说话时讲究些策略，不仅可以使你顺利达到目的，还可能使人对你心存一份感激。所以，当我们决定给他人进"忠言"的时候，一定要考虑好对方当时的情绪和心理状态，采取常人能接受的"批评"方式，使对方心平气和地接受你的意见，让"忠言"不再"逆耳"。

放得心下　入圣超凡

放得功名富贵之心下，便可脱凡；放得道德仁义之心下，才可入圣。

赏析

写字要先临后摹，然而不能老停留在临摹阶段，总需要出乎其类，拔乎其萃，达到超越字帖、独自创造的阶段。追逐丰厚利润是为商之道，但一个真正的巨商不会永远死钻在钱眼儿里，而是由"会赚钱"到"会花钱"，最终忘钱。忘钱不是不赚，而是在心境上已经大为不同。同样，遵守道德仁义是为人之基本，然而真正的道德家永远不会死守教条，而是遵循指导教条的更高的原则。在人的一生中，需要不断超越，达到出神入化的境界。

经史子集要略

经史子集，泛指中国古代典籍，是古人将古籍按内容区分的四大部类。

经部：经部收录了儒家的"十三经"及相关著作，包括易类、书类、诗类、礼类、春秋类、孝经类、五经总义类、四书类、乐类、小学类十个大类。

《易经》

《易经》是一部综合性的文化著作，兼具哲学、宗教、卜筮等多重功能。它启示人们如何正确对待事物的变化，通过观察和推测，理解宇宙的运行规律，并以此指导人们在生活中的决策和行动。

《尚书》

《尚书》的内容主要涉及君主的治国理政、社会伦理、政治道德等方面，在中国古代文化中具有重要的地位，为后世的政治治理提供了借鉴和启迪。

《诗经》

《诗经》是中国古代的一部重要文学作品，也是世界上现存最早的诗歌总集。诗歌以民间流传的口头民谣为基础，内容涉及各个方面的生活，如爱情、友谊、家庭、社会等，反映了当时社会的风俗习惯和氛围。

《礼记》

《礼记》的内容丰富多样，包括仪式礼仪、官职制度、音乐舞蹈、婚丧嫁娶等方面的规范和指导。它强调人与人之间的相互尊重、和谐相处以及社会秩序的维护，提倡推崇仁义道德，培养君子之风。

《大学》

《大学》强调了个人修养的重要性，认为修身齐家治国平天下应该从个人内心开始，通过自我反省和修炼，使得思想、言行和道德等各个方面达到完美的境界，也成了后来教育制度、社会思想等方面的重要参考依据。

《论语》

《论语》约成书于战国时期，是儒家思想的重要文献之一，被广泛视为儒家学派的经典之作。它的内容主要是围绕孔子的思想和教学展开，也涉及学生与老师之间的对话和互动。它被广泛传播和研究，并被视为儒家思想和中国传统价值观的重要源头之一。

史部：史部收录史书，包括正史类、编年类、纪事本末类、杂史类、别史类、诏令奏议类、传记类、史钞类、载记类、时令类、地理类、职官类、政书类、目录类、史评类十五个大类。

《左传》

《左传》据传为春秋末期鲁国人左丘明所作，实际成书时间应当在战国中期。《左传》记载了自鲁隐公元年（公元前722年）至鲁哀公二十七年（公元前468年）的历史事件。《左传》以简明扼要、文字精练著称，对于春秋时代的政治、军事、礼制等方面都有详实的描述。《左传》以其独特的叙述方式和深刻的思想内涵，成为后世史学家和文化学者研究中国古代社会风貌和思想演变的重要资料之一，对于塑造中国传统价值观和道德伦理有着深远的影响。

《战国策》

《战国策》的内容主要以各个战国诸侯国的国策为主，包括国家的建设、军事力量的发展、外交关系的处理等。它通过记载各国政治家和军事家的言论和行动，展现了当时的政治局势和国际关系。

《史记》

《史记》对中国古代和现代历史研究都产生了深远影响。它对后世的历史著作和编纂方法起到了示范作用，也为后来的历史学家和研究者提供了丰富的史料和启示。同时，它对于塑造中国传统文化和价值观念、传承国家精神和文化认同也具有重要作用。

《汉书》

《汉书》由汉代史学家班固撰写，记载了自汉高祖元年至王莽地皇四年中二百三十年的历史，由纪、表、志、传四部分组成，共一百篇。《汉书》的特点之一是注重人物传记，对于汉代的各类人物，不论是帝王将相，还是文人学者，都有详尽的记录。其中最著名的是列传部分，内容丰富多样，描写了众多历史人物的生平事迹、政治功绩和思想成就，对于了解当时的人物形象和历史背景有着重要意义。

《三国志》

《三国志》正史部分按时间顺序记录了东汉末年黄巾起义的爆发，直至西晋建立的过程。列传部分侧重于记述各个时期的重要人物和群体，对于他们的事迹和特点进行了详细的叙述。世家部分则以诸侯国为单位，描述了各个割据政权的兴衰和历史背景。

子部

子部：子部收录诸子百家著作和类书，包括儒家类、兵家类、法家类、农家类、医家类、天文算法类、术数类、艺术类、谱录类、杂家类、类书类、小说家类、释家类、道家类十四个大类。

《老子》

《老子》对中国古代和现代的哲学、政治、文化产生了深远的影响。其思想与儒家思想、佛教等其他哲学流派产生了交流和对话，对中国社会的伦理道德观念和价值体系有着重要贡献。同时也在世界范围内产生了影响，被翻译成多种语言并受到国际学术界的关注。

《庄子》

《庄子》中涉及了人性、人生观、政治哲学等重要命题。它运用寓言、故事和对话来表达思想，以幽默而又深刻的方式揭示了人性的复杂性和社会的虚妄。通过对人生和社会现实的思考，庄子试图唤醒人们对生命的独特体验和对真实自我的关注。

《管子》

《管子》是中国古代一部重要的政治经济著作，由管仲及其门人编纂。它系统地论述了政治治理、军事策略、经济政策和道德伦理等多个方面的问题。《管子》强调以法治国、推行公正和善治，并对中国古代政治、经济和军事领域产生了重要影响。

《墨子》

《墨子》对社会政治问题进行了深入探讨。它提出了建立稳定的政权和公正的社会秩序的措施，强调了政府的负责和传道教育的重要性。墨子追求社会的公平和民众的福祉，倡导以道德为基础的政治管理。

《鬼谷子》

《鬼谷子》强调了灵活多变的战略思维和运用，提倡以奇谋胜敌。它不仅包括了军事理论，还涉及了领导才能、政治手腕、间谍战和情报收集等方面的问题。《鬼谷子》的核心思想是通过智慧和计谋来取得胜利，强调了战略决策的重要性。

《孙子兵法》

《孙子兵法》强调灵活多变的战略和战术。它提出了许多战术原则，如"奇正相生""乘势而动""兵无常势"等，旨在通过巧妙运用兵力和资源来取得胜利。此外，书中还介绍了军队组织、兵员管理和军事训练等方面的内容，强调了军队的规模、纪律和士气的重要性。

集部：集部，收录诗、文、词总集和专集等，包括楚辞类、别集类、总集类、诗文评类、词曲类五个大类。除了章回小说、戏剧著作之外，以上门类基本上包括了社会上流的各种图书。

《楚辞》

《楚辞》是中国古代一部重要的文学作品集，由屈原创作。它以诗歌形式表达，通过抒发作者的情感和对时代及命运的思考，展现了独特的艺术风貌。《楚辞》以其丰富的意象和修辞手法，开创了中国古代抒情诗的写作风格，对后世诗歌的发展产生了深远影响。

《文心雕龙》

《文心雕龙》是中国南朝文学理论家刘勰所著的一部文论著作，被认为是中国古代文学批评理论的经典之作。《文心雕龙》总结了前人的文学批评经验，系统地论述了文学的创作方法、修辞技巧和审美标准，在中国文艺理论史上具有重大的意义。

《二十四诗品》

《二十四诗品》是中国古代文学批评家鲍照创作的一本关于诗歌评价的重要著作。它通过对诗歌内容、形式、风格等方面的详细评论，系统总结了古代诗歌的艺术特点和审美标准。在古代文学批评领域具有重要地位，为后世文人的诗歌创作和评论提供了指导和借鉴。

《古文观止》

《古文观止》收录了从先秦到南朝梁时期的优秀文言文作品。这部选集以其精湛的艺术表达和深邃的思想内涵而著称，对于后世文人的学习和文学创作具有重要意义。它被视为古代文学的经典之作，为后世文人提供了丰富的文法和修辞范例，促进了文言文的发展和研究。

《乐府诗集》

《乐府诗集》是中国古代文学史上一部重要的诗歌选集，收录了许多乐府风格的诗歌作品。它记录了中国古代社会的历史变迁和人民的生活状况，展现了民间文化的丰富与多样性。这部诗集具有极高的艺术价值和历史价值，对后世文人的创作和民间文学的发展产生了重要影响。

《全唐诗》

《全唐诗》是收录了唐代诗人作品的一部重要诗歌选集。它涵盖了各种题材的诗歌作品，展现了唐代文人的才华和智慧。《全唐诗》对于研究唐代文学和诗歌发展具有重要意义，并在中国文学史上占据重要地位，被广大读者所喜爱和推崇。

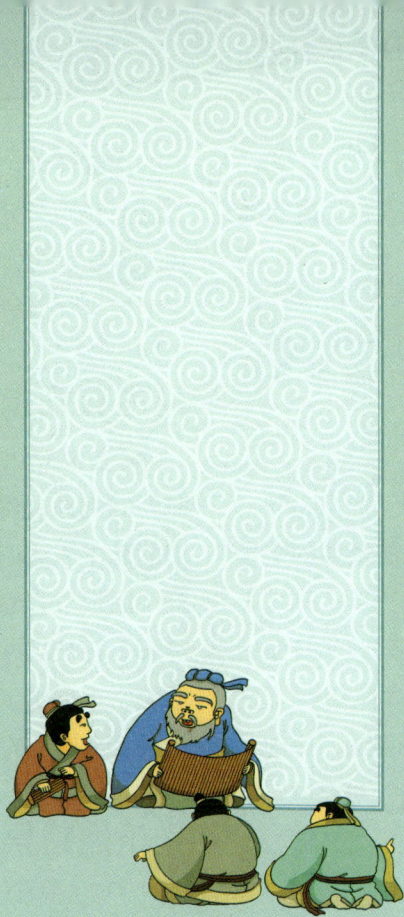

跟着典籍学大语文

选题策划　冷寒风
文图编辑　刘萍萍
装帧设计　罗　雷
美术编辑　吴金周